学校足球运动
课程教学设计与改革研究

张彦斌　易彬全　李明泽◎著

中国纺织出版社

内容提要

本书紧跟我国学校足球运动教学发展的形势，从学校足球运动课程教学现状出发，对足球运动课程教学设计与改革进行了科学研究，有利于各级学校科学规划足球课程教学，改革足球教学中的不足之处，提高足球教学效果，具有时代性和实用性。在设计方面，着重研究了学校足球运动课程教学的设计理论、设计体系、大中小学的设计、足球训练课设计、技战术教学设计以及足球游戏设计；在改革方面，主要对学校足球运动课程教学现状及各要素（教学内容、教学方法、教学模式及教学评价）的改革进行了研究。本书结构安排合理，内容错落有致，具有较强的逻辑性和系统性，是一本值得学习研究的著作。

图书在版编目（CIP）数据

学校足球运动课程教学设计与改革研究 / 张彦斌，易彬全，李明泽著 . -- 北京 : 中国纺织出版社，2018.5

ISBN 978-7-5180-4085-8

Ⅰ . ①学… Ⅱ . ①张… ②易… ③李… Ⅲ . ①足球运动—体育教学—研究 Ⅳ . ① G843.2

中国版本图书馆 CIP 数据核字（2017）第 231759 号

责任编辑：姚　君　　　　　　　责任印制：储志伟

中国纺织出版社出版发行

地址：北京市朝阳区百子湾东里 A407 号楼　邮政编码：100124

销售电话：010-67004422　传真：010-87155801

http://www.c-textilep.com

E-mail:faxing@e-textilep.com

中国纺织出版社天猫旗舰店

官方微博 http://www.weibo.com/2119887771

虎彩印艺股份有限公司印刷　各地新华书店经销

2018 年 5 月第 1 版第 1 次印刷

开本：710×1000　1/16　印张：16.5

字数：214 千字　　　　定价：75.00 元

前　言

大量的事实表明，重视青少年足球工作就是重视足球未来的发展；拥有了优秀的足球后备人才，就拥有了足球的未来。可见，发展青少年足球十分重要。学校是青少年足球运动发展的起始阶段，是青少年足球后备人才培养的重要阵地，担负着培养青少年足球人才的重任。为了促进我国学校足球进一步发展，各级学校应加强足球课程教学的设计，系统规划足球课程教学，科学改革足球教学中的内容、方法、模式等要素，通过具体的操作程序来协调、配置各要素，从而解决一系列复杂的教学问题，寻找最优的解决方案，完善足球运动课程教学系统，提高足球课程教学效果。为此，我们撰写了《学校足球运动课程教学设计与改革研究》一书，以期为我国学校足球运动课程教学的规划、改革与发展指明方向。

本书共有八章内容，第一章是学校足球运动课程教学概述，主要阐述足球运动课程教学的任务与要求、理念与原则、组织与实施及其设计理论。第二章是学校足球运动课程教学现状及改革，重点对学校足球教学内容、教学方法、教学模式、教学评价等几个要素的改革进行研究。第三章至第八章重点分析与研究学校足球运动课程教学设计的理论与方法。第三章着重分析学校足球运动课程教学设计的体系，包括教学目标设计、教学内容设计、教学方法设计及教学评价设计。第四章重点研究各级学校足球运动课程教学设计，包括小学阶段、中学阶段及大学阶段的足球课程教学设计。第五章是学校足球运动课程训练课设计，详细分析了足球运动训练课的基本理论、足球运动训练课的设计策略及足球运动训练课的科学指导。第六章和第七章分别对学校足球运动课程技术教学设计和战术教学设计进行了分析。第八章是学校足球运动课程教学游戏设计，具体研究了专项体能类、专项技术类、对抗比赛类等足球游戏的设计。

本书紧跟我国学校足球运动教学发展的形势，从学校足球运动课程教学现状出发，对足球运动课程教学设计与改革进行了科学研究，有利于各级学校科学规划足球课程教学，改革足球教学中的不足之处，提高足球教学效果，具有时代性和实用性。总体来说，本书在指导学校足球运动课程教学开展方面具有一定的参考价值。

本书由湖南工艺美术职业学院张彦斌、湖南理工学院体育学院易彬全、湖南工艺美术职业学院李明泽撰写完成，并由三人统稿。具体分工如下：

第三章，第五章，第七章，第八章：张彦斌；

第二章，第四章：易彬全；

第一章，第六章：李明泽。

本书在撰写过程中参考和借鉴了诸多专家、学者的研究成果，在此表示诚挚的感谢。由于时间与水平有限，书中难免有不妥与疏漏之处，敬请广大读者批评指正。

编者

2017年6月

目　录

第一章　学校足球运动课程教学概述

足球运动是青少年学生普遍喜爱的一项运动项目，因此在学校体育教学中是非常重要的一项教学内容。足球运动课程教学是培养学生健康体质和促进学生足球运动技战术提高的主要途径，因此要明确足球运动课程教学的基本理论，加强对足球教学实践的科学指导。本章主要就学校足球运动课程教学理论进行分析，主要内容有足球运动课程教学的任务与要求、理念与原则、组织与实施以及设计理论。

第一节　足球运动课程教学的任务与要求

一、足球运动课程教学的任务

（一）提高学生的身体素质

青少年学生发育及各项素质发展的最高峰主要出现在学生时期，尤其是大学时期。学校足球运动课程教学可使学生生理发育和素质发展的需要得到充分满足。通过足球运动课程教学，要促进学生的正常生长发育和身体素质的发展，提高学生的生理机能水平，促进学生环境适应能力和疾病抵抗能力的增强。健康的体质与良好的社会适应能力是学生立足社会和生存发展的前提与基础。

（二）培养学生的足球素养

青少年学生普遍喜爱足球运动，对这项运动较为关注，参与的积极性也比较高，通过足球运动课程教学，要培养和提高学生的足球兴趣，使学生能够对足球运动的基本知识有所掌握，使学生的足球运动能力、足球赛事欣赏能力都有所提高，使学生的足球素养得到提升。同时，在足球运动课程教学中还要有效发挥学生的智力和知识结构的优势，进一步促进学生眼界的开阔和思维的拓展。

具体来说，足球运动课程教学中，培养学生的足球能力这项任务表现在以下几方面。

现代足球技术正在朝着“全面、快速、娴熟、简练、强对抗”的方向发展，因此在足球运动课程的技术教学中，体育教师要根据学生的身心特点，将足球技术与趣味性、目的性、位置、速度、意识、意志、即兴等相结合，使学生由浅入深、由易到难地对足球技术和练习方法进行掌握，从而获得参与足球运动的基本能力。

其次，足球战术具体“机械分工消失；快速争夺时空主动权；阵型与队形合理组合；集体与球星完美结合”的特征，在足球运动课程的战术教学中，体育教师应让学生了解足球的这一特征，使学生对足球运动的基本攻守方法进行掌握，并使学生学会在实践中灵活组织战术并付诸实施。学生将足球个人战术、局部配合战术、全队配合战术以及定位球战术等各种战术方法掌握后，就能够很好地对足球比赛进行控制了，其驾驭足球比赛的能力就会提高。

最后，在足球运动课程教学中，体育教师要培养学生对足球运动的兴趣与爱好，提高学生欣赏足球赛事的能力，使学生将足球运动作为自己终身体育锻炼计划中的一项重要内容。

（三）促进学生德、智、美的发展

1. 足球运动课程教学的德育任务

足球本身具有教育性的特征，因此足球运动课程教学同德育有着密切的联系。足球运动课程教学的德育任务主要表现如下。

（1）足球运动对抗激烈，生理负荷大，训练紧张，因此要求学生以坚定的意志和顽强的毅力努力克服自己的内心障碍和影响自己学练的外部因素，克服和战胜各种困难，在遵循道德规范和准则的情况下，努力实现自己预定的学练目标。因此，足球运动课程教学与训练可以使学生形成良好的心理品质和意志品质。

（2）足球组织严密、技术严格规范、竞赛规则严谨，学生在参与该项运动的过程中必须以满足集体的需要为主，将自己融于整个团队之中，对个人与集体、自由与纪律、个性与共性的关系予以正确处理，严格规范自身行为，服从组织纪律。因此，足球严格、生动的教学与训练可以提高学生的组织纪律性，培养学生的道德意识。

（3）足球运动在具体的规则的约束下，始终沿着固定的方向发展。在足球运动课程教学与训练中，尊敬教师、尊敬对手、团结同伴等行为会受到赞赏和喜爱。反之，动作粗野、无视规则、个人主义等行为会受到处罚和谴责。因此，足球运动课程教学能为学生提供一个强制而又自然的环境，使学生学会对自己的行为加以控制和约束，从而形成良好的道德风貌，养成良好的道德行为习惯。

（4）足球比赛的获胜来自于队员之间的，以积极的、健康的道德情感作为基础的协调配合和统一行动，这种道德情感是队友之间共同的责任感、荣誉感的精神升华。因此，足球运动课程教学可以培养学生的集体主义精神，强化学生的道德情感。

2. 足球运动课程教学的智育任务

一般说来，注意力、观察力、记忆力、想象力、思维力以及分析判断能力等是智力的具体表现。足球运动课程教学与智育相互促进、辩证统一。一方面,智力的增长和发展要求身体素质的提高;另一方面,身体素质的提高能改善智力活动的条件。学生在学习足球知识与技能的过程中,运动记忆会不断深化,分析和评价自己的能力会不断提高,因而学生的智力也会得到有效的提高。提高学生的智力既是智育的基本任务,又是足球教学的目标。

具体来说,足球运动课程教学的智育任务主要表现如下。

(1)训练学生的记忆力。

(2)开发学生的想象力。

(3)培养学生的观察力。

(4)提高学生的思维力。

3. 足球运动课程教学的美育任务

美有很多表现形式,体育美就是其中之一,体育美是健康美、运动美、意志品质美等各种美的结合。其中,健康美是人体最基本的美;运动美主要体现在人体美、动作美两方面,人的本质力量及体育丰富多彩的美的因素等都是运动美的具体表现,这些美能够引起人们的欢欣、愉悦、好奇、赞叹;意志品质美主要是从体育运动的规则、精神、纪律等方面表现出来的。

具体来说,足球运动课程教学的美育任务主要表现在以下几方面。

(1)培养学生美的感受能力。

(2)培养学生美的鉴赏能力。

(3)培养学生美的表现能力和创造能力。

二、足球运动课程教学的要求

(一)增强体质与促进学生全面发展相结合

足球运动课程教学中,不仅要将教学重点放在增强学生体质上,还要全面培养学生的身体素质、心理素质、智力、社会适应性等各方面的素质与能力。因此,足球运动课程教学中应做到以下几点。

1. 树立现代足球教学价值观

现代体育教学的价值观对足球运动课程教学提出了新的要求，足球运动课程教学不仅要发挥改变学生生物学特征的生物学价值，还要发挥对学生进行心理学、教育学、社会学以及美学教育的价值。在评价足球运动课程教学质量方面，这些价值观都是重要的衡量标准。

2. 做好足球教学工作计划

在对足球运动课程教学计划进行制定，编写足球课教学方案时，教师要注意突出足球的专项特点，同时保证教学活动对学生身体的全面训练性，要能够全面促进学生的身心发展。

3. 足球教学内容和方法的多样化

在足球运动课程教学的整个过程(准备阶段、实施阶段、复习阶段以及评价阶段)中，要结合学生的身心特点和个性特征，选用丰富的教学内容和多样化的教学方法实施教学，从而使学生各方面的素质都能够得到发展。

(二)教师的主导性与学生的能动性相结合

足球运动课程教学是足球教师与学生之间互动的多边教学活动。在足球教学中，应以当代学生的身心特点为依据来对教师与学生之间的关系进行处理，充分发挥师生双方的主动性，以教师为主导，最大程度地对学生的能动性加以调动。

具体来说，在足球运动课程教学中，结合教师的主导性与学生的能动性需要做到以下几点。

1. 树立正确的教学观

在足球教学中，正确处理师生关系，发挥教师和学生双方的积极性，对“教师中心论”“学生中心论”的片面教学思想和观念要及时加以改进。

2. 以教师为主导

在足球运动课程教学实践中，教师应不断提高自身的教学水平和专业素质，储备丰富的专业知识，掌握全面的技术，要为人师表，平等待人。同时，教师应不断提高自身教学的艺术性和启发性，加强对学生学习动机和兴趣的培养。

3. 充分调动学生的能动作用

学生发挥自己的主观能动性是提高教学效率的有效手段，因此在足球运动课程教学中，教师应充分调动学生的主观能动性，指导学生明确学习目标，激发学生的学习热情。

（三）感觉、思维与实践相结合

足球运动是一项综合性运动，学生在参与该项运动的过程中，要集感觉、思维与实践于一身，灵活机动地处理运动中遇到的各种情况和问题，快速进行分析并做出相应的判断。因此在足球运动课程教学过程中，要满足如下要求。

1. 利用多种直观感觉手段

在足球运动课程教学中，教师要规范使用语言教学法和示范教学法，要尽可能采用图表、照片、幻灯、视频等直观教学方法和手段进行足球教学，并运用这些手段组织观摩比赛，使学生在较短时间内清楚地了解足球技术动作的特征，建立技术动作表象。

2. 教师要有针对性地运用直观感觉手段

由于学生的性别、年龄、身体素质、运动经历、理解能力、基础知识和技能等存在个体上的差异，且不同的足球运动技术表现形式不同。因此，在足球教学中，教师要结合实际，针对不同学生和不同技术采用相应的直观感觉手段，对于水平较低者相应多采用示范、图像等直观手段，对于水平较高者多使用形象化词汇描述技术动作。

3. 正确处理感觉、思维与实践的关系

在足球运动课程教学中，直观感觉方式的运用有助于学生正确动作表象的建立，但要达到对动作的结构、要点及动作正误界限的理解，还要求学生克服单纯机械模仿、重复，积极思考，加强运动思维，培养学生发现问题、解决问题的能力。同时鼓励学生将直观、思维与实践大胆地结合起来。

（四）循序渐进与系统性相结合

足球运动课程教学是渐进的、系统的过程。一方面，在足球运动课程教学中，教师应依据现代教育规律，由易到难地安排教学内容，由简到繁地组织足球练习，由弱到强地安排对抗程度，由小到大地增加足球运动负荷；另一方面，足球教学是由不同周期组成的，一个周期又可以分为不同阶段，各周期和阶段的教学任务各有不同，教师在教学中应注意各周期各阶段内容的关联性和衔接性。

具体来说，在足球运动课程教学中贯彻循序渐进与系统性相结合的要求要做到以下几点。

1. 由易到难安排教学内容

以学习足球传球技术为例，可先从脚弓传球开始，并从传地滚球开始，在此基础上再学习其他部位的传球技术，进而进行长传球与过顶球技术的教学。

2. 由简到繁组织练习

在足球技战术练习中，可先让学生从模仿练习开始，而后独立实践，再到局部对抗，最后进行整体训练。

3. 由弱到强安排对抗程度

足球的技术练习必须由无对抗到有对抗，由弱对抗到强对抗，最后进行实战接受检验。

4. 由小到大增加运动负荷

运动负荷的安排应当波浪式地逐渐加大，在组织训练时，教师要注意处理好负荷与恢复的关系。

5. 足球教学要有系统性

足球运动课程教学是由不同周期、不同阶段、不同任务组成的过程，系统的教学与训练能有效促进学生技战术水平的不断提高。

（五）综合性与实战性相结合

在足球运动课程教学中贯彻综合性要求就是要把技术、战术、身体素质、智力、心理等各方面有机结合起来，进行综合性教学与训练，使训练与实战更为接近。同时，要以比赛的客观规律与要求为依据，将对抗的因素和模拟实战的条件加入日常足球教学训练中，从而提高练习的实战性。

足球运动课程教学中，综合性与实战性相结合具体要做到以下几点。

1. 技术之间的合理搭配

在足球教学中，教师应以比赛需要为根据，合理地串联和搭配不同的足球技术，使学生进行组合练习，并根据学生的实际能力与水平来决定技术搭配的量和难度。

2. 技战术与身体素质结合

良好的身体素质是学生在实战中发挥自身技战术能力的基础。因此，在足球教学中，教师应对练习的组数、时间、密度、强度和运动量进行科学安排，从而使学生的身体素质与技战术实战能力同时得到提高。

3. 技战术与意识的结合

意识是足球技战术的灵魂和生命。在足球教学中，教师应根据足球比赛的客观规律来对练习形式和方法进行设计和组织，注意培养学生的正确足球意识，从而提高其技战术运用能力。

4. 技战术与对抗能力的结合

对抗能力是足球技战术运用的根本保证。因此，在足球教学中，教师应根据学生对足球技战术的掌握程度适当地加入对抗性因素。

5. 在模拟实战中练习技战术

在足球技战术练习中，教师应重视安排模拟实战的练习，提高学生的实战能力和比赛能力。

第二节　足球运动课程教学的理念与原则

一、足球运动课程教学的理念

（一）现代教育理念

1. 范畴教育理念

“范畴教育”理论是由前联邦德国教育专家克拉夫基在主张“形式教育”和“实质教育”统一的基础上提出来的。范畴教育的特点主要表现在以下两个方面。

（1）教育本质的整体性。“既要形式教育，又要实质教育”，要将实质教育和形式教育理论辩证地统一起来。

（2）教育过程的双重开发性。教育过程是一个通过自身经验或学习其他经验获得客观和主观两方面统一的过程，该过程具有双重开发性。因而在足球运动教学中，要同时将传授知识和发展能力重视起来，作为足球教学的两个任务。

2. 教师专业化理念

教师专业化是现代教育改革的基本要求，专业教师对教学活动的开展以及教学领域的发展具有重要的促进作用。教师专业化要求教师职业必须具备以下几个特点。

(1)接受过良好的专业教育,具有完善的、高标准的知识基础。

(2)能够不断学习和创新,不断充实与完善自我。

(3)在工作中具有较多的自主权,发挥自身的积极性。

(4)具有强烈的责任感、正确的职业道德观以及良好的个人品质。

3. 多元智力理论

过去认为智力是以语言能力和逻辑能力为核心,以整合的方式存在的一种能力。这是片面的看法,智力其实是多元的,构成智力的因素有很多。

国外有学者指出,人的智力包括语言智力(言语)、节奏智力(音乐)、数理智力(逻辑)、空间智力(视觉)、动觉智力(身体)、自省智力(自知)、交流智力(交往)、自然智力、认识和适应世界的智力等。这些都是非常重要的智力因素,它们之间相对独立,发展规律各不相同。正常条件下,有适当的外界刺激和个体本身的努力,个体便可以发展和加强自身的任何一种智力。

多元智力理论对教育的影响主要从以下几个方面体现出来。

(1)教学观方面

多元智力理论提倡教学应遵循因材施教的原则,应考虑每位学生的智力特点,进行有针对性的个性教学,从而使每一个学生都能够获得发展。

(2)学生观方面

多元智力理论提倡学生积极主动地去学习。每个人的智力都有很多种,但每个人的智力是以不同的组合形式表现出来的,而且发挥程度不相同。学生应发现自己的智力优势,并将自己的优势发挥出来,从而使自己得到更好的发展。而教育应该以学生为中心,在适应学生特点的基础上组织教学。

（3）评价观方面

通过评价可以直观地表明教育的效果。多元理论主张评价要多渠道进行，体现多元性。

4. 合作教育理念

传统的教育理论对师生之间的人际关系没有做过多的强调，合作教育的理念可以弥补传统教育理念在这方面的不足。合作教育理念主要是塑造新型的师生关系。合作教育也是现代社会进步和科学技术发展的产物，对足球运动教学具有非常重要的影响。

合作教育理念提倡将传统的师生间的权力与服从关系摒弃，建立平等的师生关系。这就要求在教育中应做到以下几点。

第一，以学生的发展为中心，学生是教学的主体，而教师主导教学，二者并重，相辅相成。

第二，教师不能强制学生学习，而应以引导学生主动学习为重任。

第三，教师要尊重学生的价值、尊严以及人格，激发学生的学习潜能，重视学生个性的发展。

第四，教师要充分发挥自己的作用，营造平等、民主的课堂气氛，对学生的学习行为进行科学引导。

第五，教学实践的具体操作方面，要以人际关系为中心，师生要展开多方面的合作。

5. 创新教育理念

创新教育以培养创新型的人才为宗旨，是创新型社会下的产物。教育自身发展要求、当代世界形势发展的要求等是创新教育理念产生的必要性。

现阶段，世界上的各个国家对创新教育都非常重视，创新性人才将是决定未来社会走向的人力资源。创新教育理念要求全面培养学生的智慧品质、个性品质，要培养学生主体的创造精神，并将这一工作贯穿在教育的整个过程中。

6. 终身教育理念

人的一生都要不断学习,只有不断学习,不断提高自己,充实自己,完善自己,才能不断满足社会发展的需求,才能适应社会的发展变化,这便是终身教育理念。终身学习是现代学习化社会的重要理念,对人才的发展、社会的建设起着重要的作用。可以说,终身教育就是为终身学习提供条件和空间的。

随着社会的不断发展,知识的更新速度也逐渐加快,这就要求人们不断更新自己的知识库,学习新的知识。这也是终身教学理念产生的必要性之一。因而可以说,终身教育理念是社会发展到一定阶段的产物和现象。终身教育理念的形成和社会发展有关,但却是多因素共同作用的结果。具体分析,其形成是受以下两方面因素影响的结果。

(1)内部教育主观因素

教育自身的发展促进了终身教育理念的产生。传统教育理念存在弊端与不足,与社会发展的规律与需要不适应,因而必须有新的理念来适应社会发展的需求,终身教育理念就是新理念之一。传统教育多是片段性的教育,具有阶段性和终级性。而人的一生都要不断学习,不断进步,这就反映了传统教育模式的不足,为了有效衔接学校教育与社会教育,促进社会个体的长远发展,就需要以终身教育理念来指导教育实践。

(2)外部社会客观因素

①人口快速增长与终身教育

当前,人类社会面临的一个重大挑战是人口的快速增长。这也直接导致了入学人数的急剧增加,学校教育领域因此面临着很大的压力。在我国,很长一段时间里,人口对教育的需求超过了学校教育的承受能力,这就加剧了教育资源与受教育者之间的矛盾。随着社会的发展,这种矛盾的尖锐性越来越强。解决这个问题要求改变传统教育理念,改革学校教育系统,施行社会大教育,普及终身教育的理念。只有加强社会教育和终身教育,才能使这一矛盾得到一定程度的缓解。

②科技的发展与终身教育

科技的快速发展加快了知识的更新速度与频率，导致社会从过去的固态稳定走向了不断变化的动态模式。人类的思想观念因此而面临着巨大的冲击，人们只有不断更新观念，学习新知识，才能不被社会淘汰。而人们获得知识终究离不开教育这一途径，通过教育也可以促进人们观念的改变与更新。所以说，科技的急速革新与进步促进了与适应社会发展需求的终身教育观念的出现。

③民主化和信息化与终身教育

民主观念是现代社会的一个核心观念，民主化的推进在世界各地区都有所体现。民主化不但对社会经济和政治有影响，而且对教育领域也有影响。现代社会集体要求实施教育民主化，而其核心就是终身教育。

现在是信息化社会，信息量巨大和爆炸性增长、信息更新换代加快是信息化社会的两个重要特征。这就要求人们不断接收新的信息知识来与社会发展的步伐保持协调一致。因而，迫切需要终身教育理念来指导人们筛选信息。

④人口老龄化问题与终身教育

人口老龄化也在一定程度上促进了终身教育理念的产生。老人也需要进行学习才能适应社会发展，社会必须调整传统的学校教育体系，在青少年教育体系外增加老龄教育的范畴，才能适应老人的学习要求。终身教育需要将人们接受教育的年限定位在从儿童到老年人之间，这是社会发展的基本要求。

综上可以总结出，社会发展和教育自身发展共同推动了终身教育理念的产生。

终身教育建立在“学会认知、学会做事、学会共同生活和学会生存”四个支柱之上。其实施不是某个单一教育环境所能进行的，需要学会整体参与。另外还必须加强社会各相关部门之间的紧密联系，从而使终身教育观念的顺利实施和落实得到保障。终身教育理念在体育教学领域的运用，促进了终身体育教育观念的产生，该教育观念影响体育教学，自然也会影响足球教学。

（二）现代教育理念对足球运动课程教学的启示

1. 重在培养兴趣和终身体育意识

在足球运动课程教学中，要不断对学生参与足球运动的兴趣进行激发，培养学生的终身体育意识。在现代教育理念的指导下，足球运动教学中应在传授知识与技能的基础上，积极激励和鼓励学生自主参与足球学习。学生通过自主学习，会更加热爱这项运动，从而更主动地参与学习与训练，这能够为其终身参与该项运动奠定良好的基础。

2. 关注学生的主体性

在足球运动课程教学中，要将学生的发展视为教学的中心，将学生的主体地位重视起来，教师主要发挥主导作用。传统足球教学模式中，学生一般都处于被动学习状态，老师为学生灌输知识，不重视学生的感受和体验，往往会使学生感到厌倦。但是新的教育理念下，要求足球课程教学关注学生全面发展，关注学生的情感体验，从教学设计到评价之间的各个环节都要从有利于学生主动、全面发展的角度出发，要求全面体现学生的主体地位，将学生的学习积极性和学习潜能充分激发出来。

3. 因材施教，实施个性化教学

在足球运动课程教学中，教师要关注学生的个体差异，了解不同学生的需要，满足学生的不同要求，安排与学生学习特点及学生自身条件相符的足球教学。足球教学中，教师要因材施教，尽量为不同智力潜能的学生提供相应的教学条件和途径，从而使学生能掌握足球知识，提高足球技能。

4. 培养学生的实践设计能力

在足球运动教学中要注意培养学生对足球教学训练课的设计能力。体育教育专业的足球教学中，教师要通过自己对足球教

学训练课的组织教法和实践来培养学生对足球教学训练课的设计能力，在这个过程中，教师要向学生传输自己对现代足球和现代教育理论的理解思路。

5. 构建和谐融洽的师生关系

在足球运动课程教学实践中，必须加强对健康师生关系的构建，加强师生间的合作与交流。教师与学生之间的合作是平等的、民主的，教师不能以权威自居，而学生也不应该唯命是从。教师的教学应该很开放，学生可以有自己的想法，可以表达自己的意见。这样才真正体现了学生的主体地位，学生的主观能动性才能充分发挥出来，学生的个人能力才会获得极大的发展。

在足球运动教学过程中，教师与学生应学会相互尊重、相互信任、相互协作，共同为足球教学目标的实现和教学任务的完成而努力。

6. 加强创新教学

足球运动课程教学要不断改革与创新。现代足球运动快速发展，技战术方法在不断更新，因此足球教学也要在观念、理论和实践方面不断创新，推动足球运动的进一步发展。

7. 足球教师要提高自己的专业素养与业务能力

在足球运动课程教学中，足球教师要不断学习和研究足球专业知识，提升自己的专业素质和执教水平，这是教师专业化教学理念的基本要求，也是现代足球运动教学的要求，教师只有不断提高自己的执教能力和专业水平，才能在足球教学中发挥出自己最大的价值。

二、足球运动课程教学的原则

（一）主体性原则

在足球运动课程教学中，教师安排教学活动，要以学生的需要和特点为依据进行，学生进行足球学习与练习，要在教师的指导下充分发挥自己的主体性与创造性。

具体来看，足球运动教学中贯彻主体性原则需做到以下几方面的要求。

1. 发挥学生的主体作用

足球教学是教师“教”与学生“学”的双边活动。教师在足球教学中对学生的主体地位要给予尊重，体现学生的主体精神，鼓励学生发挥自己的积极性、创造性，引导学生积极思考、勇于探索、刻苦训练，使学生自觉掌握足球理论和方法，促进学生自主观察、分析和解决问题的能力的提高。

2. 发挥足球教师的主导作用

足球运动对动作操作思维、战术思维和快速反应能力的要求都很高，因此，在足球教学中，教师要以提高学生的运动能力和思维能力为核心，通过对设疑、联想、比较、形象等教学方法的运用充分启发学生的积极思维，从而对学生的运动潜力进行最大限度的挖掘。

3. 培养学生对足球的兴趣

学生足球学习动机的形成是以兴趣为基础的，学生因为对足球运动而感兴趣所形成的学习动机可转化为长期的主动学习动机。足球运动的趣味性较高，在教学中，教师应采取丰富多样的教学方法，使学生对足球运动的兴趣转化为执着的热爱，使学生的学习积极性维持更长的时间。

4. 引导学生明确自己的学习目的

学习效果与学习动机密切相关。如果学生不明确自己的学习目的，树立了错误的学习动机，就难以主动学习足球知识与技能，这不利于其长远的发展。

5. 营造良好的教学环境

在足球运动课程教学中，为学生创造生动和谐的学习环境，为教师创造有利于教学的环境很重要。良好教学环境的营造需要教师与学生共同的努力，教师要承认学生的个性差异，采用科学方法发展学生个性，学生要积极配合教师。

（二）渐进性原则

足球运动课程教学中贯彻循序渐进的教学原则要求注意以下几方面的要点。

1. 教学内容的系统性

教师应以足球教学大纲的要求为依据对足球教学进度和课时计划进行合理安排，使足球教学进度符合足球运动规律。由易到难、由简到繁地实施足球教学，使学生的知识不断丰富，技能不断提高。

2. 教学方法的系统性

足球教学中，教师应以动作技能形成的规律和阶段性特点来组织教学，在认知定向阶段（泛化阶段）、巩固提高阶段（分化阶段）、熟练阶段（自动化阶段）采取不同的方法和手段进行教学，从而使学生在不同阶段都有所收获。

3. 运动负荷的合理安排

在足球运动课程教学中，教师要对生理和心理负荷进行合理的安排，在安排过程中，要对学生的身体状况、教学内容、场地、气候等因素进行综合考虑，避免所安排的生理与心理负荷超出学生能够承受的极限范围。刺激过弱，不能引起机能和心理状态的变化，甚至不能发展体能；刺激过强，会有损学生的健康。

（三）直观性原则

直观性原则是指教师利用学生的感官和已有经验，通过视觉、听觉以及肌肉本体感觉，使学生获得对足球技战术的生动表象和感觉，积极思考，掌握足球技战术和足球技能，发展思维能力。动作示范，沙盘、电影、录像、技战术图片演示等是足球运动课程教学中常用的直观教学方法和手段。

具体而言，贯彻直观性原则要求在具体的教学实践中做到以下几方面的要求。

1. 正确选用直观教学手段

足球教师要有目的地使用直观教学方法，要以足球教学任务、教材特点、学生情况等因素为依据来选用，如学生水平较低，以动作示范、技术图片等为主，也可重放学生的动作录像，对比正确的技术动作，纠正错误。

2. 调动学生的积极性

在足球运动课程教学中，教师要充分利用学生的视觉、听觉以及肌肉本体感觉，使学生对足球技战术动作有一个清晰的认识，从而对学生的学习积极性进行激发和调动。

3. 启发学生的思维

积极的思维活动是正确动作表象形成的基础与前提，因此，在足球教学实践中，教师要不断启发学生的思维，并结合技战术练习提高学生的思维能力，从而增强足球教学效果。

（四）实效性原则

足球运动课程教学的实效性原则，就是要从实际出发，根据学生的实际情况，抓住教学中的主要矛盾和矛盾的主要方面，解决教学中的重点和难点问题；教学讲求实际效果，在有限的教学时间内，使学生既能掌握知识技能又能增强体质。

在足球运动教学中，遵循实效性原则具体需要从以下几方面着手进行。

1. 改进教学方法

足球教学目的的达成、教学任务的完成都是在运用教学方法的过程中实现的，足球教学效果和教学质量的高低直接受教学方法的影响。教师在足球的技战术教学中，要深入研究教材和教法，将现代化的教学方法和手段充分利用起来，使每个方法都能够真正地为实现教学目标而服务。

2. 用唯物辩证法指导教学工作

足球运动教学中，教师凡事要从实际出发，把握事物的本质，对足球教材内容进行全面、准确地把握，对足球技战术进行深入分析，将足球教学重难点放在重要的位置，从而提高足球教学的科学性与实效性。

3. 加强调查与研究

教师要不断研究足球教学实践，从中发现新问题，分析问题，并找出解决问题的方法，调整教学计划与方案，改善教学过程，提高教学的实际效果。

（五）对抗性原则

在足球运动课程教学中贯彻对抗性原则是由足球运动自身的特征所决定的。足球运动对抗性强，进防对抗贯穿足球运动的始终，攻守转化构成足球运动的核心，而且足球运动也不断向着更快速、更激烈的方向发展。这就要求在足球教学中贯彻对抗性原则。具体要求有以下几点。

1. 深入研究足球规律

在足球运动教学中，教师要对足球运动攻守对抗和转化的规律进行深入研究，明晰进攻和防守这对辩证统一的矛盾双方，从而辩证地安排教学。

2. 正确处理攻守关系

足球教师在对足球教学进度和课时计划进行设计时，要恰当处理进攻和防守教学内容的关系，尽可能使攻守内容同时出现，使学生全面掌握这方面的内容。

3. 安排综合性的练习

足球教师在对足球教学方法进行设计时,要尽可能安排综合性的练习方法。用防守制约进攻,提高学生的进攻技术水平;或用进攻制约防守,提高学生的防守技术水平。并在教学方法的实施中,有意识地提高攻守对抗强度,真正实现在攻守对抗中学习技战术,提高足球教学质量。

(六)综合性原则

在足球运动课程教学中贯彻综合性原则是由足球运动的特点和规律决定的。足球运动具有项目的集体性、技能的综合性、战术的多变性以及攻守的对抗性等特点。这就要求在足球教学中突出足球教学内容的游戏性、竞争性和趣味性。

具体应从以下几方面来贯彻综合性教学原则。

1. 全面培养学生的素质

在足球技战术教学中注重培养学生的足球意识,选择简单实用、多样化的教学方法和组织形式,提高学生的学习兴趣,培养学生的作风,使学生掌握更多的练习手段和方法,全面促进学生身心理素质、技战术水平、智力水平、道德品质等素质与品质的发展。

2. 注意不同教材和技术的搭配

足球教师要将足球新旧教材搭配使用,在教学内容安排上,要注意有机结合足球单项技术、组合技术与综合技术的教学,以提高学生的综合技术水平。

3. 注意对现代化教学手段的运用

现代教学手段和技术对足球教学有重要的影响,教师要适当运用图表、照片、电视、电影、多媒体等辅助教学手段使学生对足球技术动作和方法有更加直观和形象的认识,从而提高学生的足球技战术能力和运用能力。

第三节　足球运动课程教学的组织与实施

一、足球运动课程教学文件的制定

（一）足球教学大纲的制定

足球运动教学工作的开展离不开教学大纲这一文件的指导，教师组织足球教学要以大纲为基本依据，而且衡量足球教学工作任务是否完成也要以大纲为依据。科学、合理的足球教学大纲能促进足球运动课程教学的顺利实施。

1. 足球教学大纲的内容

（1）说明

主要阐述足球运动课程性质，足球教学大纲制定的依据、原则，提出完成足球教学大纲要求的具体措施。

（2）足球教学目的要求

阐述足球运动课程教学的具体任务。一般包括以下几点。

第一，传授足球基本理论知识。

第二，传授足球基本技战术及技能。

第三，发展学生身体素质。

第四，实施思想品德教育、专业思想教育，培养学生的集体主义精神和意志品质等。

（3）足球教学内容及时数分配

阐述足球运动课程中不同教学内容的时数分配比例；足球理论教学与实践教学的比例；足球理论教学的题目和课时；足球教学条件、教学考核等。

（4）足球教材及参考书

列出足球运动课程使用的教材和教学参考书。在学习和掌握教材内容的基础上，选择性地参考权威性的足球专著，以对足球课堂教学内容进行补充。

(5)足球教学设施

包括足球场地和设备;足球比赛中用到的工具(秒表、口哨等)。加强足球电化教学设施的建立和完善。

(6)考核内容和方法

足球教学考核的内容与方法如下。

理论考核:考核形式主要是笔试。

技术考核:考核形式主要是技评和达标。

技能考核:考核形式主要是作业评检、实习、实际操演等。

(7)成绩评定

包括对学生思想品德、学习态度,理论知识掌握情况、技战术与技能水平等内容的评定。评定基本技能时结合平时考核进行。根据教学目标的要求确定总成绩中各部分的权重与比例。

2. 足球教学大纲制定要求

(1)立足学校足球教学实际,将足球教学计划中的培养目标和要求全面落实,制定合理的教学目的和任务。

(2)对足球教学内容的确定要以足球运动特点、课程任务和教学时数为依据进行,将足球理论知识、技战术与基本技能的教学训练与培养突显出来。

(3)将足球教学内容的系统性、科学性和先进性重视起来。

(4)对足球运动教学课程的时数进行合理分配,理论与实践教学的比例要合理。

(5)将足球基本理论、基本技术与技能作为足球教学大纲的重点考核内容。采取能够全面、客观反映学生真实水平的考核方法,评分方法要科学可行。

(二)足球教学进度的制定

1. 足球教学进度制定的意义

足球运动课程教学进度指的是以足球教学大纲所规定的教

学任务、教学内容和时数分配为依据,具体将足球教材内容落实到每次课中的足球教学文件。足球教学进度是足球教学方法和教学策略的反映。对足球教学进度的合理制定能有效地提高足球教学质量。

2. 足球教学进度制定的要求

(1)突出重点,安排合理

对足球教材内容的安排要合理,要以教学大纲的规定和要求以及足球运动技能形成的基本规律为依据进行,适当多增加教学重点,突出重点。

(2)教材安排符合逻辑

足球理论知识和技术结合的逻辑关系应在安排足球教材内容时体现出来,使学生能产生技能的正迁移。

(3)注重合理搭配教学课

对每次课的教学内容及各部分教学内容的分量要合理搭配,循序渐进展开教学。

(4)结合理论与实践

坚持理论指导实践的原则安排足球教学课程,对理论课教学的安排要有针对性,理论与实践紧密结合。

(三)足球教案的编写

1. 编写要求

(1)足球教学课的基本任务要明确、具体,要以足球教学目标、进度、教学性质等因素为依据制定。

(2)对足球教学方法的确定要以教学课的基本任务为依据进行。教学组织严谨有序,教学过程有条不紊。

(3)对足球教学方法和教学步骤的采用、对练习次数和运动负荷的安排要综合考虑场地器材、学生人数、学生基本运动能力等影响足球教学的要素。

（4）从整体出发确定教学任务，注意因材施教。

（5）每次足球课要密切衔接，提高足球教学过程的系统性。

2. 教案结构和格式

（1）基本结构

①准备部分

主要目的：明确足球课教学任务与要求；调动学生的积极性；使学生做好准备活动。

基本内容：足球基本功练习、身体素质练习、足球游戏等。

时间：15 ~ 20 分钟。

②基本部分

主要目的：发展和提高学生的一般和专项身体素质；学习足球基本理论知识、技战术；培养学生对教学活动的组织管理能力。

基本内容：教学顺序与步骤，练习方法、手段、次数、时间，运动负荷，教学组织管理等。突出重点，主次分明。

时间：70 ~ 90 分钟。

③结束部分

主要目的：结束教学活动，使学生逐渐恢复到相对安静的状态，达到放松、消除疲劳的目的。

基本内容：组织自我按摩、互相按摩、罚球等轻松愉快的活动，简明地进行小结，恰当评价学生完成学习任务的情况。

时间：5 ~ 10 分钟。

（2）基本格式

足球教案的基本格式有以下两种。

①表格式（表 1-1）

足球表格式教案是在确定了足球课的教学任务之后，按表格各栏的先后顺序，将各部分的教学内容、组织教法、练习次数、运动量及其他相关事项和小结填写到表格中。

表 1–1 足球课的表格式教案

授课班级					上课日期			
课的基本教材		课的编号		课的任务				
课的部分	时间	课的内容	组织工作	教学步骤	运动负荷			常犯错误及纠正方法
					时间	次数	心率	

②条文式

足球理论课教案的编写多采用条纹式的格式，除填写表格式课时计划规定的项目外，以讲授提纲与组织教法的方式配合理论课讲稿使用。

二、足球运动教学课的组织与实施

（一）足球理论课的组织与实施

足球理论课教学的主要任务是让学生掌握基本足球理论知识（足球技战术基本理论，足球发展趋势，足球教学、训练、裁判、组织竞赛等理论），使学生能够做到理论联系实际，用理论指导足球运动实践。

足球理论课教学的组织形式主要是课堂教学。在足球理论课教学过程中，以教师讲授为主，并配以适当的课堂讨论，激发学生的学习兴趣，具体安排如下。

首先，以提问或讲述的形式引出前次足球课的教学内容，为新授课的内容做好学习准备。

其次，讲授本次课内容，对足球课的重难点内容要进行反复的论证，采用提问、作业等形式，强化学生对教学重难点的理解和掌握。

最后，在结束部分，教师简要总结和概括本次课的重要知识点，布置课后作业。

（二）足球实践课的组织与实施

1. 准备部分

准备部分的教学可采用与足球基本教学相呼应的走跑练习、基本体操、控制球的专门练习和引导性、针对性、激励性的游戏等方法进行身体活动，逐步增加运动负荷，以活动身体各关节为主。另外，还可安排简单的技术练习，以达到技术动作学习和身体活动的目的。

准备部分主要采用集体作业的方式进行组织，根据本次课的教学任务、时间、学生身体素质和气候条件等因素可适当调整教学内容。

2. 基本部分

足球基本部分的教学应突出重点内容，结合教案和学生的具体情况来选择教学方法和手段，同时还要布置作业练习。讲解与示范、练习和纠正错误等是本阶段采取的主要教学方法，使学生巩固旧知识，同时掌握新内容。

足球教学基本部分的具体教学步骤为：先学习新教材内容，然后巩固和改进已学过的教材内容，最后进行足球教学比赛和发展身体素质的练习。

在足球基本部分的教学中要合理安排教学时间，充分利用足球场地和教学设备，逐步增加练习次数，合理安排运动负荷量，提高学生练习的质量和效果。另外，教师要时刻注意观察学生练习的情况，详细进行记录，及时调整学生的练习方法，使足球教学的效果得到不断的提高。

3. 结束部分

在足球实践课的结束部分，要根据足球教学内容的性质、练习的强度与密度等，安排慢跑；简单的运球、传球、活动性游戏等低运动负荷的练习。在整理活动结束后，教师要对本次课的总体学习情况进行简要总结和客观评价，在肯定学生成绩的同时指出不足，明确努力的方向。最后布置课后作业。

三、足球运动课程教学工作总结

足球教学工作总结是教师自身评价足球教学任务完成情况、总结经验和找出差距的文字材料。足球运动教学课程结束后，教师要将足球教学工作总结这一总结性文件提交到教研室和上级主管部门。在总结过程中，教师要实事求是地反映足球教学过程，总结足球教学规律，发现教学过程中的问题与不足，为下一轮足球教学的深入研究提出新课题。

足球运动课程教学工作总结的内容主要有以下几方面。

（一）基本情况介绍

基本情况包括足球课程性质、足球课程教学任务、足球教学时数、学生人数及学生所在的系和班级、教学条件等。

（二）足球教学过程介绍

足球教学中采取的教学改革方案或措施，实事求是地对执行情况做出评估，对教学改革的成功之处进行总结，指出其中的问题与不足以及这些问题产生的主要原因。

（三）足球教学过程评价

足球教学过程评价的内容主要有以下两点。

（1）对学生学习状态进行总体评价，对教学中学生主体作用的发挥情况要进行重点分析。

（2）对学生的学习成绩进行客观分析，必要时以数据和事实根据对教学过程进行比较性评价。

（四）足球教学设想和建议

根据本阶段或学期足球运动课程教学任务的完成情况和对足球运动课程教学中存在的问题进行分析，提出改革设想和建议，从而推动下一轮足球教学工作的开展。

第四节　足球运动课程教学的设计理论

一、教学设计

（一）教学设计的概念

教学设计是以人类的学习心理为基础，为达到预期的教学目标，对教学过程、教学方法和评价方法进行系统性计划的过程。[①]

（二）教学设计的过程模式

1. 加涅提出的设计原理

加涅认为，讲求教学环境的计划有利于达到理想的学习效果，而这需要采取科学的设计原理来进行。

（1）以行为的方式对所界定的表现目标进行叙述。

（2）依据学习阶层和任务分析构建教学进程。

（3）对教学事项进行筹划，同时拟订教学活动，为特定学习结果准备学习条件。

2. 肯普提出的教学设计过程

肯普指出，所有的教学模式均包括学生、方法、目标和评价四个要素。因此我们在进行教学设计时要考虑以下几个问题。

① 王崇喜．足球教学设计[M]．北京：高等教育出版社，2009.

（1）这个教案或教材是针对什么样的人设计的？

（2）我们希望这些人学到什么？

（3）用什么方案来教授有关教学内容是最好的？

（4）用什么方法和标准来对他们是否真正学会了这个问题进行判断与衡量？

肯普认为，教学系统设计的大致框架是由学生、方法、目标和评价这四个要素及其关系组成的，他由此引申开去，提出了目前在世界上广泛流行的椭圆形结构模式，该模式由十要素组成，如图 1–1 所示。

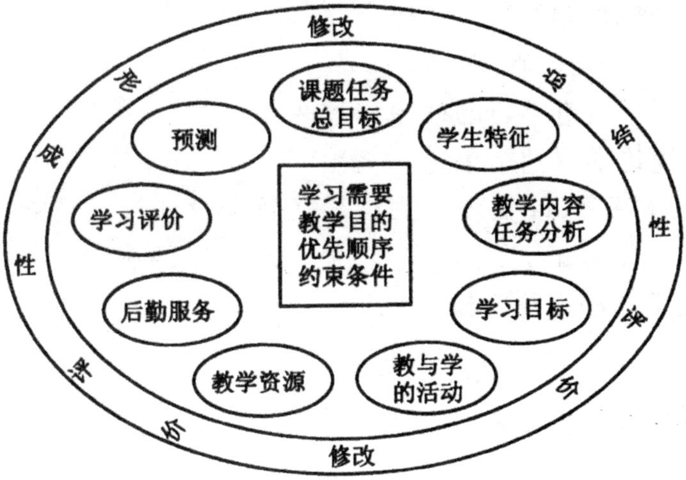

图 1–1

3. 迪克 – 卡里的系统教学设计模式

（1）对教学目标进行确定。

（2）进行教学分析。

（3）将起点能力确定下来。

（4）对行为目标进行制定。

（5）编制标准参照测验。

（6）对教学策略加以选择。

（7）对教学材料进行设计和选择。

（8）设计和进行形成性评价。

（9）总结和解释收集来的数据，确定学习者遇到的问题以及问题阐述的原因，并对教学步骤进行修改。

（10）设计和进行总结性评价。

迪克－卡里的系统教学设计模式是一个以学生学习为中心的设计过程。分析学生学习任务、确立起点能力是该模式强调的重点，从该模式可以看出，教学设计的过程是具有反复性，需要教师不断分析、评估和修正，以期顺利完成教学任务，实现教学目标。

4. 格拉泽提出的教学设计过程

格拉泽设想的教学设计过程包括以下几个步骤。

（1）分析预期的能力目标。

（2）诊断学习前的状态。

（3）安排促进学习的程序和条件。

（4）评价学习的结果。

格拉泽认为，改变现存的状况是教学设计的意义所在，要根据现状和决策理论、管理科学等，找出最有效的法则，从而对课程单元的教学活动进行安排。

5. 邵瑞珍等提出的教学设计过程

邵瑞珍是我国的教育心理学家，其提出的教学设计过程包括以下几个过程。

（1）陈述目标。

（2）分析任务。

（3）确定学生原有水平。

（4）课堂教学活动设计。

（5）教学。

（6）评定。

二、足球运动课程教学设计

足球教学设计是在一般教学设计和体育教学设计理论的指导下进行的，是以足球运动和足球教学的规律及特点进行的。足球教学设计的理论依据可以从图 1–2 所示的结构图中体现出来。

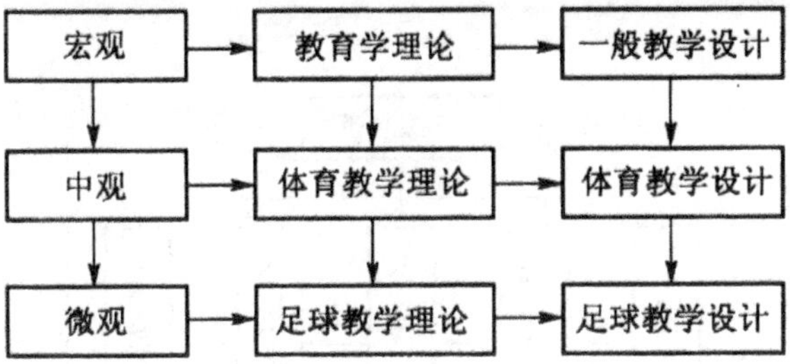

图 1–2

（一）足球运动课程教学设计的指导思想

1. 素质教育观

素质教育体现了对党的教育方针的全面贯彻，核心是德育，重点是培养人的创新精神和实践能力，旨在促进全体学生德、智、体、美、的全面协调发展。具体来看，素质教育观包括的主要教育观念有以下几个。

（1）面向全体的学生观。

（2）学生主体的发展观。

（3）全面发展的教育目的观。

（4）面向未来的人才观。

2. 现代体育教育观

转变传统体育教育观念，树立现代体育教育观是进行系统科学的教学设计，在教学中实施素质教育的基本要求。具体要树立的现代体育教育观有以下几点。

（1）“健康第一”的教学观念。

（2）“全面教育”的教学观念。

（3）“终身体育”的教学观念。

（二）足球运动课程教学设计的基本程序

根据国内外专家学者对教学设计的阐述，结合足球教学自身的规律和特点，我们对足球教学设计的程序进行了制定，如图1–3所示。

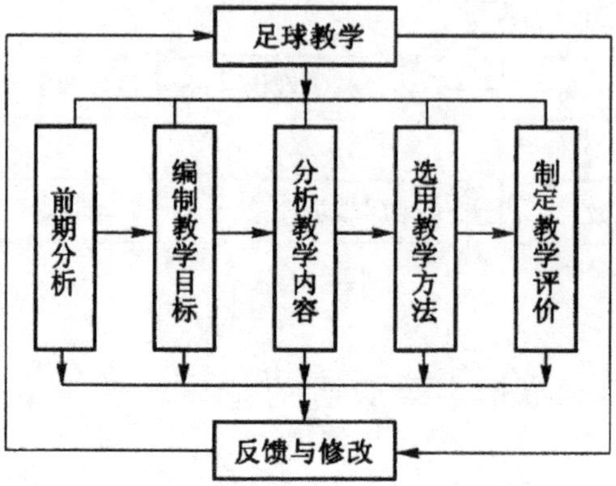

图 1–3

（三）足球运动课程教学设计的前期分析

前期分析就是在教学设计的初始阶段，对直接影响教学设计的若干问题进行分析，具体需要分析的内容有以下几方面。

1. 学习需要分析

学习需要指的是学生的学习现状与期望水平之间的差距，要了解足球教学中需要解决的实际问题，就要分析学生的学习需要，具体从以下几方面进行。

（1）深入了解学生的学习实际，对足球教学中面临的问题进行研究分析。

（2）分析足球教学中面临问题的性质，以对足球教学设计中解决该问题的途径进行确定。

（3）对资源条件和制约因素进行分析，明确为解决问题而设计教学方案的可能性。

2. 教学对象分析

为了对学生的学习准备状况及其特点有所了解，从而为教学设计步骤的制定提供科学依据，需要进行教学对象分析，具体分析内容有以下几点。

(1)学习准备

学习准备是指学生在学习新内容时,原有知识水平和心理发展水平对新内容学习的适合性。

(2)起始能力

教师了解学生的起点能力是非常必要的,可以使教学密切联系学生的实际,使教学目标定得恰如其分。此外,起始能力预估与教学的内容也直接相关。

(3)一般特征

分析学生的一般特征,主要是分析影响学生学习的生理因素、心理因素和社会因素。

(4)学习风格

学生在学习过程中的表现各有不同,教师应承认并尊重学生学习风格的差异性,在此基础上诊断学生学习风格,从而设计出因材施教的教学方案。

3. 教学资源分析

教学资源(物质、人力、财力等)直接关系着足球教学活动的进行,它们能够启发学生并有效解释和演示教学内容,并保障足球教学活动顺利开展。

4. 教学安排

教学安排主要是安排足球教学总时数,各学年、学期足球教学的时间和时数。

第二章 学校足球运动课程教学现状及改革

对于学校足球运动课程教学来说,教学内容、教学方法、教学模式、教学评价都会对其产生重要影响,只有保证这四个方面的有效性和合理性,同时坚持对这四个方面进行改革和创新,才能保证学校足球运动课程教学的教学质量。为此,本章依次对学校足球教学内容现状及创新体系构建、足球教学的常见方法及改革与创新、足球教学的一般模式及改革与创新、学校足球教学评价现状及改革进行深入阐析。

第一节 学校足球教学内容现状及创新体系构建

一、学校足球教学内容的现状

“体育教学内容是反映为了达到体育教学目标而选用的体育知识和技能的体系。它是在体育教学实践中教师教与学生学的实际材料。”在现阶段,高校足球课程内容往往由理论与实践组成。理论部分主要有足球运动概述、足球运动竞赛规则与裁判法介绍,足球基本知识、基本技术、基本战术简介。实践部分主要有技术、战术、身体素质训练。经过分析学校足球教学内容的现状得出,主要存在以下几方面的问题。

（一）在选择教学内容时没有明确的目的性

足球运动理论教学的宗旨是使学生掌握足球运动的有关知识。但要想避免足球教学流于形式，需要让学生了解的内容有：了解相关知识的原因；这些知识对自身的作用；进行技术教学旨在传授技术，传授技术的目的是什么；了解或掌握技术的具体原因；教师的教学目标和学生需求是否吻合。

（二）教学内容与教学组织、教学对象不配套

学校足球教学内容最关键的组成部分是各项足球技术，旨在让学生熟练掌握足球运动的各项技术，促使学生把所有注意力都集中在足球活动中，形成终身体育的良好习惯。现代足球技术形成与发展的服务对象是专业足球人士。把足球比赛中的主要动作转变成各个部位的踢停球技术和运球技术、运球技术、铲球技术等，主要目的是提升足球运动专业水平，向组织训练提供方便。训练与体育教学最大的不同是，前者几乎每天都在进行，而后者一周只有一次。将为满足专业运动员训练需要而产生的足球技术，放在课堂教学中去实施，二者不配套。在教学实践中必须对足球技术进行再加工，使之符合高校足球教学的要求。再者，足球训练的对象是运动员，足球教学的对象是大学生。通常来说，足球运动员参与竞技足球，大学生参与业余足球。因为足球运动员常年训练，所以身心条件能够更好地适应足球技术学习过程，就算这样也无法保障熟练而全面地掌握各项足球技术。就绝大多数学生来说，对学习足球技术往往没有做好充足的身心准备，一般会将复杂的足球技术直接当成教学内容，这样必然会对大学生学习与掌握足球技术产生负面作用。

（三）教学内容缺乏趣味性，学生积极性不高

在现阶段，绝大多数高校足球课教学内容的专业性和竞技性

都很强，但健身实效性和教学内容的游戏性都不够突出。足球课教学内容往往集中于基本技术，没有充分涉及足球竞赛规则、裁判法以及足球游戏等内容，没有彻底革新之前的体系；课程内容与学生生活、社会、培养终身体育意识相脱离；知识陈旧，静止化，新知识难以诞生并进入课堂；迷信技能，没有创新，难以吸收新理念下的课程内容，减弱了学生学习的兴趣，学生的积极性不高。

二、学校足球教学内容的创新体系建构

自2014年全国校园足球工作电视电话会议以来，国家采取了强有力措施大力发展校园足球，并取得突破性进展。举国上下重视校园足球，发展校园足球的良好局面初步形成，特别是足球竞赛活动蓬勃发展，足球特色学校建设稳步推进，足球已基本走进校园。在校园足球发展的大好形势下，校园足球教学推进工作却不尽人意，存在一定偏差，如缺乏符合实际足球教学的宏观指导与要求，很多地方提出每周上一次足球课一刀切的要求偏高等等，从而动摇了一些学校积极响应发展校园足球号召的决心。为促使学校足球教学工作大范围开展，这里对学校足球教学内容的创新体系建构展开深入探究。

（一）学校足球教学内容体系构建的必要性

在全国校园足球电视电话会的讲话中明确指出，要将足球纳入体育课必修内容，这不但反映了国家对足球教学的密切关注，而且是国家对学校足球运动提出的基本要求。因此，要想进一步强化校园足球教学，应当尽快以我国校园足球的实际情况作为出发点，建立和学校实际情况相吻合的校园足球教学内容体系，全方位指导校园足球教学工作。学校足球教学内容体系构建的必要性体现在以下两个方面。

1. 贯彻落实教育部把足球纳入体育课必修内容精神的需要

首先，要正确领会其精神实质，把足球纳入体育课必修内容，

不等于每周上一节足球课，而是要确保把足球教材作为体育课教学的必修内容，落实到体育教学之中；其次，由于校园足球发展不平衡，学校在选择教学内容、安排教学学时等方面具有一定难度，国家又缺乏对校园足球教学明确具体的要求，所以迫切需要研究制定适用于各级各类学校、既有统一要求又有较大弹性、操作性较强的教学内容体系，为各学校选择校本足球教学内容提供参考依据。

2. 加强校园足球教学管理，促进校园足球可持续性发展的需要

就足球教学来说，不仅是校园足球的关键构成部分，而且是我国体育教学需要有效巩固的环节，许多学校在过去基本都没有将足球纳入体育课教学内容中。针对这种情况，要想强化校园足球教学需要达到两方面要求：一方面，要制定有效的足球教学管理制度，制定足球教学宏观指导性文件，以利于足球教学与管理的规范化；另一方面，要坚持进行足球教学专项检查与评估，以利于提高足球教学质量，促进足球教学工作的全面落实，促进校园足球可持续性发展。

（二）构建学校足球教学内容体系的原则

1. 系统性原则

根据校园足球教学需要和足球技战术特点与规律，按足球技战术难度逐步递增和无缝衔接的要求，对足球教材内容进行整体设计，系统安排。把足球教材内容根据技战术难度递增规律系统地分为若干等级，并科学安排各等级水平的具体教学内容，为各级各类学校制定校本足球教学内容计划提供参考。

2. 可操作性原则

选择的足球教学内容难度与要求应当和不同级别、不同类型的学校体育教学实际相吻合，这对学校制定校本足球教学计划和足球教学实践拥有十分显著的可操作性指导。教学内容不仅要

和学生身心发展、教学条件等实际情况相吻合，而且要适用于不同级别、不同类型学校的足球教学。

3. 多元化目标原则

足球教学内容体系要有利于提高普及足球教育质量，实现促进学生身心健康全面发展的多元目标。足球教学内容的设置不仅要包含足球基本技术与战术的教学内容，而且还要有与之相匹配的足球理论知识、心理健康教育和体能发展等教学内容。

4. 指令性与指导性相结合原则

学校足球教学内容体系应当包含两方面内容，分别是具备指令性的必修教学内容和具备提高性的选修教材内容。必修足球教材内容的技战术教学要求比较低，是不同级别、不同类型学校都必须完成的基本教学内容，适用对象是非足球特色学校普及足球教育。选修内容往往存在一定的技战术难度，适用对象是足球特色学校与校园足球基础稳固学校提高性的足球教学。

（三）学校足球教学内容体系构建的对策

1. 基本思路

构建学校足球教学内容体系的基本思路是：改变过去根据学年段安排教材的基本模式，构建根据足球技战术水平递增规律来划分等级和水平的教材内容体系。不同等级水平的教学内容应当明确具体，对学校结合本校实际情况来动态选择教学内容提供尽可能多的便利，由此形成各校特色鲜明的校园足球校本教材，最终推动学校足球教学内容体系的可操作性与指导性更加显著。

2. 学校足球教学内容体系

将根本依据设定为学校足球教学目标，结合构建学校足球教学内容体系的系统性原则以及学校足球运动技战术基本规律与教学的实际情况，将学校足球教学内容划分成初级、中级以及高级，同时划分成 10 个水平。各个水平的内容有相关的足球基本理论知识、足球技术与战术、心理健康教育、体能发展等。学校足球教学内容体系的详细结构模式如图 2–1 所示。

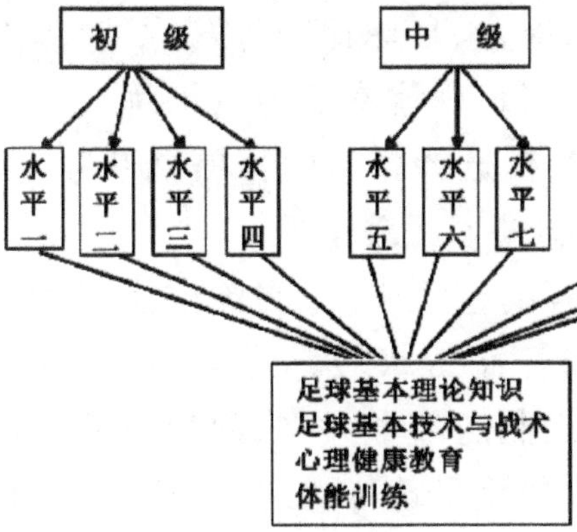

图 2–1

3. 教学内容等级设计理念

（1）初级教学是足球启蒙教育

这个阶段主要教学目标是对学生进行最基础的足球知识与技能教学强调重视培养足球兴趣，强化足球教学的趣味性，淡化竞技足球教育，让学生体验参与足球活动的快乐。该阶段教学内容以球性球感练习、趣味性足球活动和足球游戏为主，适当介绍足球的基本技术，为幼儿园、小学低年级、非校园足球特色学校和校园足球基础较差高年级的足球启蒙教育选择教学内容提供参考。

（2）中级教学是足球提高教育

这个阶段教学目标的重要宗旨是广泛普及足球教育，有效拓展学校足球知识面，培养学生的足球兴趣，进一步优化学生足球运动技能，推动学生掌握一些足球比赛能力，可以积极参与课外足球活动。这个阶段的教学内容主要是基本技术、基本战术以及简单比赛，适度开展提高足球比赛能力的基础训练，向小学高年级、初中、足球基础薄弱的高中甚至大学选取教学内容提供参考。

（3）高级教学是足球精英教育

这个阶段主要教学目标是发展学生足球特长，进一步提高学生的足球技能水平，提高学生的比赛能力，为学校和社会培养学生足球骨干，为培养足球后备人才奠定一定基础。该阶段教学内容以足球技能技巧、战术配合、足球比赛等高标准、高要求的足球教材为主，进行一定的提高足球比赛能力的训练，为高中、大学和足球特色学校的高年级学校选择教学内容提供参考。

（4）各等级水平教学内容无缝衔接

在设计等级水平内容的过程中，应当深层次思考不同水平内容之间的衔接问题，维持三个等级教学内容的层次性和完整性，有效规避根据学年段依次制定教学大纲、内容重复等和教学实际情况相脱离的缺陷，有效强化足球等级水平体系的可行性与可操作性。

4. 科学合理、全面系统安排各水平教材内容，促进学生全面发展

密切联系我国学校足球发展目标，把学校足球当成突破口，有效推动学校体育的改革进程与发展进程，向学生全面发展奠定重要基础。学校足球教学不但要努力普及足球教育，而且要借助足球教学来促使学生均衡发展，使学生达到强身健体的目标，促使学生及时沟通、团结协作、顽强拼搏，使学生的综合素质水平得到大幅度提高。在安排不同水平的教学内容时，应当包含的内容有足球基本技战术、足球基本知识、足球运动多种体育训练内容和心理健康教育内容。在对不同水平的教学内容进行安排时，不仅要科学搭配足球知识与技战术，还要将足球知识、足球技能与体能训练、综合素质教育进行有机结合。

（1）遵循足球运动规律与教学实际相结合

足球教学内容的安排要遵循足球运动规律，由易到难，系统递进。各等级各水平内容要有机衔接，足球理论知识、技术、战术和比赛的教学内容协调安排，符合教学实际，如教学目标要符合课时和学生基础等实际，足球教学内容的量和难度与课时相匹配等。

（2）足球理论知识与技能教学相结合

足球理论知识教育是广泛普及足球教育的一项关键内容，要将足球基本知识纳入教学内容体系，同时有机结合足球理论知识和技能教学，促使两者相互促进。要将足球活动需要作为出发点，选取对学生养成足球兴趣、提升足球运动技能、主动参与课外足球活动有积极作用的足球基本理论知识作为教学必修内容，应当和对应的足球技术教学水平进行协调安排，具体包括足球运动基本技术与基本战术的要点、足球基本竞赛规则、足球活动安全防范常识等。

（3）足球技能教学与体能训练相结合

足球教学是体育教学的组成部分，要为实现促进学生身心健康的体育教学目标服务。要选择、设计一些既有利于提高学生足球技能水平，又有利于发展学生体能的趣味足球活动，作为教材纳入足球教学内容，把足球技能教学与体能发展有机结合起来，使技能学习与体能发展相互促进，如把有利于发展上肢和腰腹力量的掷界外球和发展下肢力量的踢球比远等类似的练习作为教材纳入教学内容。

（4）足球知识、技能和体能教学与心理健康教育相结合

心理健康教育是我国学校体育的一项关键任务。在足球教学过程中，应当将足球知识、技能、体能教学、心理健康教育有机结合起来，这是足球教学的最高境界。要把培养勇敢顽强、团结协作等心理健康教育作为足球教学的重要任务，从足球教学实际出发，设计一些既有利于传授足球知识，提高足球技能，发展体能，又有利于促进学生心理健康发展，提高综合素质的足球活动，纳入足球教材内容体系，如多种形式个人或团队对抗的足球游戏、多人协作完成的足球战术等等。

第二节　足球教学的常见方法及改革与创新

一、足球教学的常见方法

（一）讲解与示范

在教学过程中，教师通过简练而精确的语言来分析技术动作要点和技术方法等，促使学生利用听觉器官来感知足球教学内容的教学手段，即讲解教学法。在足球教学实践中，教师需要达到的要求是熟练掌握讲解时机、突出重点、分清主次、有效把握难易程度。

在教学过程中，教师借助挂图、投影、幻灯、录像等多种方式来示范足球技术动作以及战术配合方法，让学生通过观看来感知教学内容的方法，即示范教学法。在足球教学过程中，教师应当合理把握示范时机与示范面，保证示范的正确性。

（二）练习法

高校足球教学中的练习法应在讲解与示范的基础上进行。根据不同的划分标准，练习法具体划分如下：按形式分，练习法可分为完整练习、分解练习、简单条件下和复杂条件下的练习；按运动特点分，练习法可分为个人技术练习、配合性练习和对抗性练习等。在高校足球教学实践中，注意练习法运用的实效性，合理安排运动负荷，避免运动损伤的发生。

（三）纠错法

纠错法是教师对大学生在练习中出现错误动作时，及时给予纠正的教学方法。在高校足球教学实践中，注意先找出错误，再按错误产生的原因解决问题的步骤进行。具体可采用诱导法和条件限制法组织教学。

（四）案例教学法

在足球教学过程中，一项行之有效的教学方法是选取足球比赛中具有代表性的案例作为教材内容。借助案例分析，让学生深刻理解与巩固足球的相关概念，总结出常见的知识要素与要求，最终实现熟练掌握足球理论和技战术的目标。一般来说，案例教学法的适用范围是足球战术配合教学、竞赛组织编排、足球规则、裁判方法等内容的教学。在足球教学活动中，教师选取的教学案例不仅要显著体现教学内容，还要具备典型性的理论和实践意义。

（五）学习教学法

以教学目标、教学任务、初始测量结果为依据，将教学内容划分成多个目标分类体系，随后根据目标分类体系来制定相关的评价方法，即学习教学法。在足球教学过程中，要分别对教学状态进行评价并将最后的评价结果反馈给学生，使学生对足球技战术的理解和掌握有一个清晰的认识，最终达到提高高校足球教学的目的。学习教学法的整体模式如图 2-2 所示。

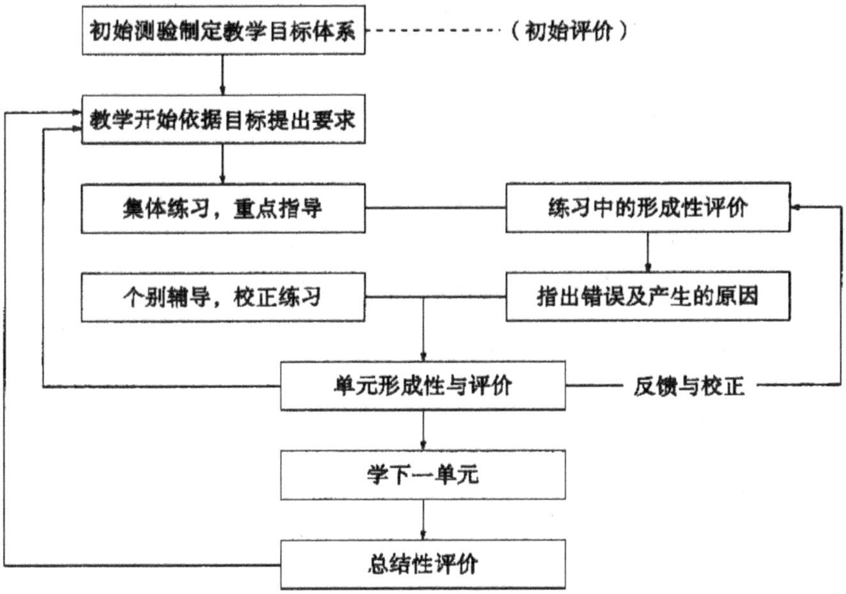

图 2-2

（六）发现教学法

教师通过指导语的手段来改造教学内容，向学生提供很多观察与分析的直观感知材料，进而和学生学习的实际情况相吻合的教学方法，即发现教学法。在足球教学实践中，教师需要遵循特定的步骤。首先，指导学生在课前预习基本知识，在预习过程中发现问题；其次，在课堂上找到答案，同时在学生寻找答案的过程中进行适度指导；最后，对学生学习过程进行分析与总结。发现教学法的整体教学模式如图 2-3 所示。

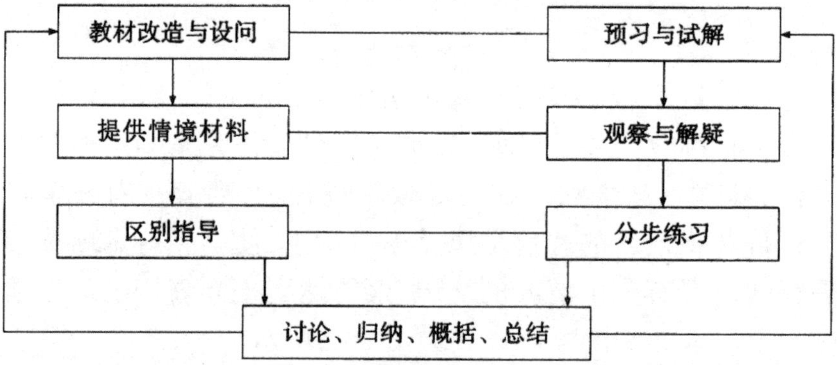

图 2-3

（七）合作学习法

合作学习法是指在教学过程中对学生进行分组，使学生以小组的形式完成学习任务的教学方法。在高校足球教学实践中，可以依据自愿的原则将学生分成若干个小组，让学生以小组为单位进行足球技术动作和战术配合的练习。在教学过程中，教师应当积极采取小组练习、小组评价以及小组竞赛等手段组织教学，并且保证学生分组搭配的合理性，最大限度地发挥学生技术骨干的作用，指导优生来帮助差生，让学习转变成学生之间的合作活动，保证学习在轻松的信息环境和和谐的人体关系中完成相关的学习任务。

（八）程序教学法

程序教学法，指依据认知和技能形成的基本规律，将足球技术、战术教学内容分解成为若干个相互联系、便于学习的“小步子”，同时建立起相应的评价信息反馈系统的教学方法。在足球教学活动中，学生应当先按照小步子学习，随后对学习情况展开评价，最终结合评价结果来反馈教学效果，教师应当结合反馈信息来高质量地组织教学。

二、足球教学方法的改革与创新

（一）注重足球教学中主体和客体的关系及相互作用

1. 教师（主体）和学生（客体）的关系

教师和学生之间的相互关系是科学教学的出发点。由于师生间的相互作用构成科学教学的实际过程，是产生科学教学内容的直接基础，所以教师进行科学教学之前需要对师生间的关系进行研究。

科学教学的主体即教师，是科学教学工作者即从事具体科学教学活动的人，他们具备特定的素质，具有某种理论背景知识，掌握了一定的研究手段，遵守科学的价值观和行为规范。科学教学的客体是教学主体的教学对象即学生，是学习知识的主体，因而能科学地、能动地反映教学主体即教师的教学质量。在科学教学中，主体和客体之间是一种作用与反作用的关系。只有认清教师和学生之间的关系，才能进行科学的教学。

2. 教师（主体）对学生（客体）的指导作用

科学教学的主体是具有能动性的足球教师，首先表现在他的教学活动具有目的性，能够引导教学客体即学生进行科学的学习和系统的训练；其次，教师要掌握科学的教学手段，以科学手段为中介揭示客体的本质结构。

在科学教学中,足球教师能动性对学生的指导作用反映在两个方面:一方面,教师主体能够利用不同的科学仪器与实验设备,让各种条件排除干扰因素,同时让学生可以将内在本质规律充分显现出来;另一方面,显现出学生客体本质规律以后,教师主体可以合理剖析与运用它,促使学生客体朝着有益于教师主体的方向不断发展。

3. 学生(客体)对教师(主体)的制约作用

足球教师的能动性并非是绝对的,学生是对象性的存在,教师教学活动往往会被学生限制。对于教学过程来说,学生对教师的限制作用反映在两个方面:一方面,学生要求教师有相当的知识积累、系统的教学理论、科学的教学方法、严谨的教学态度,并且要根据教学对象的差异因地制宜地编排教案教法,利用学生的学习效果来证明教师教学的科学性和适宜性;另一方面,根据主体首先要服从客体的规律,教师首先要服从于学生,这样才能认识和改造他们。在没有认识客体规律的前提下,盲目的教学行为会受到客体本质规律的惩罚。

(二)教师应指导学生科学的认识足球

科学的认识过程也是实践与认识的过程,科学认识不是单方面的自然界客体给予的,也并非主体自然发生的,相反是在科学实践中客体表现作用与主体探求作用有机结合的最终产物。在足球教学过程中,教师应当始终遵循这个认识过程,以学生实际情况作为出发点,促使所有学生都能对足球运动产生全方位了解与认识,有机结合实践与理论两个部分,让学生对足球的感性认识转变成理性认识,这样不仅能解决理论与实践的矛盾,还能为学生今后的高效学习奠定坚实基础。

（三）科学技术是教学的强大推动力

1. 理性看待经验知识

当好足球教师最重要的是要有丰富的教学和训练经验，科学技术则不是那么重要，这一观点是错误的。因此，要提高教师的科技素质，还必须对教学的优越性和必要性有明确的认识。

尽管成功的教学经验存在很多科学成分，科学教学在很多环节都需要有经验教学的启发与帮助，但科学教学比经验教学的优越性显著很多。经验知识层次浅且存在表面性特征，难以深入事物的内部，无法有效把握事物的整体面貌和本质关系，信息知识比经验知识的针对性、节省性以及有效性更加明显；经验知识的准确性难以保障，无法实施统计和比较，而信息知识往往能定性和定量，所以准确性高，同时方便进行统计与比较。在以上简单分析与对比的基础上，能够发现科学教学比经验教学更加先进是现代教学发展一定会显现的趋势。

2. 积极提高高校教师的科技素质

教师的科技素质主要是指教师的科技意识、科技知识、开展科技活动能力以及将科技成果运用于教学的能力。要提高教师的科技素质，首先必须提高教师对科学技术重要性的认识。

提高教师业务水平的主要原因是：一方面，足球运动是一项艰苦复杂的运动，对科学技术提出的要求很高，只借助经验是不行的，必须充分依靠科技进步；另一方面，因为学生都是有着社会、生理和心理三重属性的极其复杂的活生生的人，这就对教师的知识面和知识更新速度提出很高要求。教师只有通过掌握并不断更新尽可能多的知识和信息，才能更好地把握住其所从事的运动项目的发展规律和趋势；才能不断创新、不断改进教学思想、方法和手段，提高教学的效率和效果。

3. 如何提高足球教师的科技素质

提高足球教师科技素质是一项庞大的系统工程，需要在方针、政策、制度、物质、时间等方面创造出必要条件。结合现阶段的实际情况，需要在以下几方面下功夫。

首先，要不间断地更新科技知识，扩大信息面。足球教师不仅要在各种各样的书刊杂志中吸收“死”信息，同时要借助交谈、讨论、交流等方式来搜集“活”信息。

其次，要主动开展各种科技活动。教师应当有意识地、系统地收集与积累客观教学数据，采用整理和分析等方式，从中归纳经验教训，探索足球教学的常见规律。

最后，提升将科技成果运用和教学的能力。足球教师不但是联系科技成果与教学实践的重要桥梁，而且是成绩成果最大且最主要的受益者，足球教师应当充分发挥桥梁作用，只有这样才能将各项科技成果应用在教学中。

第三节　足球教学的一般模式及改革与创新

一、足球教学的一般模式

（一）合作学习教学模式

1. 合作学习教学模式应用的意义

在足球教学过程中，合作学习教学模式的应用是十分可行的，可以大幅度提升运动基础薄弱学生的运动技能水平，培养学生的合作意识和竞争意识，有效强化社会凝聚力，同时有助于学生心理健康发展。除此之外，合作学习教学模式还能提升学生的学习能力与身体素质，能够有效补充传统教学组织形式，从而取得比较理想的教学效果。

2. 合作学习教学模式应用对学生能力的影响

(1)对学生学习能力的影响

在应用合作学习教学模式的过程中,对学生学习足球运动的能力进行实验研究。通过合作学习教学模式与传统教学模式的对比试验,可以清楚地看到在应用合作学习教学模式的试验组的学生面对新的学习内容时善于独立思考,敢于尝试去实践,并且能够找到有效的学习途径和方法来解决问题;但是应用传统教学模式的对照组的学生大多表现为等待教师去教,不能积极自主地找到学习新内容的方法,缺乏自我学习的意识。

实验研究表明,合作学习教学模式可以对学生思考问题、观察问题、分析问题发挥指导作用,通过集体智慧探究和寻找解决问题的方法来共同配合、共同努力。但是,传统教学模式往往是单方面灌输教学方法,让学生只有跟着教师学完以后才会做,欠缺积极性和自觉性,学生各方面的能力难以得到有效发展。当学生遇到新问题时,往往不知道从哪些方面入手。

(2)对学生运动技能的影响

通过对合作学习教学模式与传统教学模式对照实验的结果分析,在应用合作学习教学模式的实验组的学生足球运动成绩要比传统教学模式的对照组成绩好,这是因为合作学习模式采用了班级授课与小组活动相结合的教学组织方式,并且在教学方法上给予学生大量的自我发挥空间,引导学生积极探索和研究,而且重点要求学生小组成员彼此之间互相交流、互教互学、共同提高,提高团队精神。足球运动是集体运动项目,合作精神非常重要。这样无疑调动了学生的创新意识和团队合作精神,成绩优异是必然的。

除此之外,在合作学习教学模式的教学评价体系中应当增加基础分与提高分,保证学生的各项运动技能都得到发展,从而深入挖掘学生的运动潜力。

(3)对学生体能的影响

合作学习教学模式会提高身体素质,相对于传统教学模式增长的幅度更大。尤其是对于足球运动能力较差的学生,这是因为合作学习给予学生更多的自主权，而且更加要求团体合作，因此，在小组其他成员的带动下，平时运动能力差或者不爱运动的学生都会被这种积极的氛围感染，纷纷投入练习中去。另外合作学习评价体系中除了强调个人评价，对小组合作评价和成绩提高幅度评价也是最后评分的标准，因此运动水平的高低并不能决定一个学生的综合能力，这给予体能素质差的学生证明自己的机会。

（4）对学生心理健康的影响

一个人的心理拥有正常的、积极的状态，同时和环境维持良好心理适应的能力，即心理健康。有关的实验调查研究证实，合作学习对学生心理健康具有积极作用，原因在于合作学习过程中需要小组成员相互配合、相互鼓励、及时交流与沟通，避免以自我为中心，摆脱和他人合作意识薄弱的个性弱点。特别是对于性格内向、孤僻、犹豫不决的学生而言，合作学习教学模式能够让他们改善与形成融洽的人际关系，形成较高的人际沟通水平与灵活应变能力，让他们发现自身价值并进一步强化自信心。

（二）运动处方教学模式

1. 运动处方教学模式应用实验

（1）实验目的

通过运动处方教学模式与传统教学模式的对比实验，验证在两种教学模式下足球运动课堂教学与课外锻炼的差异。

（2）实验对象

选择验前对所有实验的学生进行体质测试、大学生体育学习水平量表的调查统计，从中选择身体形态、机能、素质和体育学习兴趣等方面没有明显差异的班级作为教学实验研究对象。两实验组人数平均分布。

（3）实验步骤

第一步是测试，借助测试来使学生认清自身的身体健康状况，特别是患有疾病或有重大病史的学生必须到医院进行检查，诊断学生是否适宜参与足球运动锻炼。

第二步是分析比较，确定锻炼目标。要对照分析学生的所有测试指标，全面掌握学生的身体情况和锻炼目标。

第三步是运动处方教学。为充分反映运动处方的针对性特征，学生应当在教师指导下以自身锻炼目标作为依据，来制定出切实可行的运动处方。当锻炼目标不同时，运动处方也会随之改变。

第四步是运动处方实施、反馈评价与调整。实施运动处方锻炼的过程也是运动处方的动态调整过程，所以学生必须参照练习的反馈评价展开科学调整。

（4）实验测试标准

实验前后要进行体质测试、足球运动兴趣和课外锻炼问卷调查、身体形态指标、力量素质指标、身体机能指标的测试。

2. 运动处方教学模式应用实验研究分析

通过实验对照运动处方教学模式和传统教学模式，结果显示，足球运动教学实验组与对照组在实验前的情况是一致的，但试验后两组学生课外锻炼的情况产生了明显的差别。这说明运动处方教学具有针对性、科学性和实用性的特点，既能满足教学的需要，又能满足课外锻炼的需要，因此不仅能提高课堂教学效果，而且能更好地指导学生课外体育锻炼。

由于制定运动处方教学的依据是学生的具体特征，所以能够有效激发学生课堂练习的自觉性。与此同时，运动处方教学高度关注对学生科学锻炼身体的知识教育，而绝大多数学生都具备十分强烈的理性与自主性，因而学生不仅能认清自身的身体状况，而且能全面掌握行之有效的健身手段，有助于学生主动性与自觉性的提高。

（三）竞赛教学模式

1. 竞赛教学模式应用的背景

长期以来，足球运动都是学生基础深厚的运动项目。各类高校先后开展了足球选项课程，不仅能向所有足球爱好者提供接触足球课堂的机会，而且能增加足球爱好者的运动素养。竞技教学模式的应用背景主要包括以下几方面。

（1）班级人数扩大。伴随着高校扩招力度不断增大，学校的学生数量日益壮大，有限的教学条件与教学设备已经演变成现阶段需要面对的重要问题。

（2）教学时间短缺。在现阶段大学选修课程教学要求是：足球课程选择大约每学年 30 ~ 36 个学时，排除考试和天气影响，学生接受足球课堂教学的时间比较少，难以真正使学生形成学习兴趣，无法达到提高学生运动素养的目标。

（3）大学生接受能力强。大学生身体发育已经接近成年人，尽管绝大多数学生的足球技术没有运动员高，但同样拥有敏捷的思维和较强的接受能力。竞赛教学模式不仅能激发学生的学习兴趣，还能使学生形成主动意识，促使学生获得全面发展。

2. 竞赛教学模式的应用分析

随着足球课程教学模式的不断改革和创新，分层教学、竞赛教学方法在足球教学中逐渐运用，并起到了良好的效果。但是从教学的效果来看，虽然分层教学在一定程度上起到了因材施教，提高教学效果的目的，但是，这种教学方式并不能完全激发学生的兴趣并良好的体现教学理念。而竞赛教学改变了足球运动传统的教学理念，以培养学生的学习兴趣为导向，能使学生接触到真正的足球。但竞赛教学对教师的要求非常高，因为这种教学方式如果利用不当很可能会成为“放羊式”教学。

（1）竞赛教学模式的应用

竞赛教学模式的应用往往由以下几方面组成：第一，要将全班随机分成若干组，组与组之间实力要均衡；第二，根据教学大纲和比赛要求，增加团队进攻与防守的内容；第三，教学形式主要采用集体教学、分组练习的形式，目的是逐步培养球队的团队意识，具体做法是每次课安排 20 分钟的小型比赛（5 对 5 或其他形式)；第四，在教学过程中，除了常规的技术教学，也要充分发挥学生主动性，教学要对每个组的突出问题进行指导；第五，课程考核采用分队竞赛的形式，按照单循环进行全班竞赛（5对5或其他形式），根据比赛名次、比赛态度，结合单项技术考核评定最终成绩。

（2）竞赛教学模式的教学特点

竞赛教学模式是把小型比赛当成基本训练方式，来指导学生练习技术技能，同时深入感受足球乐趣，竞赛教学模式的教学特点如下。

①符合足球运动的规律

对抗时足球运动的最关键的特点，传统教学模式仅仅是单方面地教授学生基本技术，无法反映足球运动的对抗性特征以及运用战术的具体情况，而竞赛教学模式能够有效发挥足球运动规律，在比赛过程中提升学生的体验感，让学生真切体会足球运动的规律，促使学生接触真正意义上的足球。

②激发学生主动性和团队精神

足球教学目的是让学生主动参与这项运动，竞赛教学具有很强的趣味性，不但能激发学生的兴趣，还能使学生积极投身足球课外锻炼中。除此之外，竞赛教学模式在课程中运用集体教学和分队练习的方法，可以将团队作用发挥得淋漓尽致，这样不但能改善教学效果，还能使学生逐步形成团队意识。

③培养学生健康的心态

运动竞赛的基本特征是参赛双方都可以努力获取胜利，追求最佳成绩的心理倾向能够推动运动员战胜不同的困难，最终达到取胜的目标。体育课程改革的一项目标是培养学生健康心态，而体育竞赛则是促使心态处于健康状态的有效措施。竞赛教学模式通过正规的竞赛机制，能够创造出真实的竞赛环境，从而让学生在竞赛氛围中有效控制情绪变化和心态变化。教师应当结合各个队的实际情况，来提出可行性的建议，从而对学生调整心态提出指导性建议。

二、足球教学模式的改革与创新

探索足球教学模式应当划分成三个阶段:第一阶段是将提高学生竞争水平作为目的的教学改革阶段;第二阶段是将培养学生足球比赛能力作为目的的教学改革阶段;第三阶段是构建三段式足球教学模式。在对这三个阶段进行试验、检验、总结的基础上,最终确立了绩效明显的符合足球教学指导思想、可以全面发挥教学价值、可以鼓舞教师积极创新的三段式足球教学模式。这里通过详细阐析足球教学模式的三个阶段,来论述足球教学模式的改革与创新。

(一)以提高学生竞争能力为目的的教学改革阶段

1. 教学改革内容

在这个改革阶段,教学改革的目标是通过课外有组织的足球比赛,加深大学生对竞争的认识,端正对竞争对手的态度,体验竞争在足球比赛过程中的作用,从而培养大学生竞争意识和能力。在此目标的指引下,往往将足球教学联赛作为教学的中心内容。足球联赛由以教学班为基础成立的 8 支足球队构成,每队从各班选 11 名主力和 5 名替补,课代表任队长(后因受场地不足和足球基础薄弱等客观条件限制,改为每队主力队员 7 名,替补队员三名)。与此同时,会将 8 名队长作为主要队员,挑选不同专业学生遵循自愿参加的原则组成联赛管理与服务机构,同时选举出表现突出的学生来担任负责人。对于管理机构与服务机构,在比赛开始前任课教师会指导完成比赛顺序的设置工作以及场地安排等各种准备工作,在比赛期间任课教师会协作完成画场地、收发器材、记录成绩等工作,另外还会完成比赛裁判工作。通常情况下,联赛会在周末选用国际通用的双循环赛制来完成。在队员人数、比赛时间以及比赛场地的多重限制下,足球教学联赛会在比赛人数方面选用 7 人制;比赛时间由上半场和下半场组成,每半场是

35分钟，前两场比赛开始时间为周日上午9点，后两场比赛开始时间为10点半；比赛场地为标准场地的一半，可在一块标准场同时进行两场比赛，这种安排可以保证一周完成四场比赛。比赛成绩按照胜一场得3分、平一场得2分、负一场得1分的方法计算，无故不参加比赛的扣除5分，计算出总成绩后排定名次。足球教学联赛取得的名次与本学期体育成绩挂钩，具体方法为：参加联赛队员的考试成绩，冠军队起点分90分；第二名85分；第三名80分；第四、五、六名75分；七、八名70分。联赛管理和服务人员每工作日计5分，缺勤不扣分。

课堂教学应当根据配合足球联赛的要求来安排相关内容，主要由理论环节与训练环节组成。就理论环节来说，是让任课教师结合教学计划向学生传授足球技术、足球战术、足球比赛规则等内容；就训练环节来说，则是划分成两个模块同步进行，足球联赛的队员和分队员是两个模块的主要组成部分。足球队员模块在理论教学环节结束后先进行5分钟足球技术测试赛。由非队员模块选拔出来技术较好的同学与替补队员比赛。比赛项目为颠球、一分钟连续传球和30米跑，颠球和传球每成功一次记一分，30米跑4秒为零分，每多0.1秒扣5分。得分多者胜出，前三名成为球队替补。然后，球队队员在队长带领下踢教学比赛。非队员模块在教师指导下，进行专项身体素质和足球基本技术练习。

2. 教学改革效果检验

将提升竞争水平作为目的的教学改革，会把大学生足球联赛形式引入课程教学，这不仅充实了足球教学形式，还获得了较为理想的效果，但同样有一些问题与不足需要完善，具体如下。

首先，本次教改朝课外部分延伸太大，课内和课外出现了主次颠倒，进而出现的问题有：第一，教师工作量太大，对教改持续深入开展具有负面作用，在教改过程中往往没有完整的周末，绝大多数时间都会被联赛相关的各种事务占据，这些工作对于中老年教师往往会无法全部顾及；第二，场地器材需多方协调，侵占了其他员工的休息时间，得不到充分的理解和支持，增加了教改的难度；第三，对于那些没有养成体育锻炼习惯的学生，很难吸引他们在周末走向球场，教改对他们产生的影响不大。

其次，教学设计过程中未能妥善处理好竞争这个教改主题。有些教师会简单认为，把学生划分成主力、替补以及普通学生就可以激发学生的竞争意识。这种形式往往无法在教学实践中发挥预期效果，主要原因是：第一，学生之间的足球技术水平差距过大，大部分学生即使刻苦练习，在队员的选拔中依然处于劣势；第二，学生对体育课的惯性思维阻碍了他们抱着积极的心态投入教学活动中。许多学生抱着一种拿学分的心态来上足球课，他们缺乏对足球比赛的热爱，因此无法调动他们的积极性。

最后，教学模式的推广具有一定难度。以足球教学联赛为主要内容的教学方式，在教学理念上具有超前性，与以课堂教学为主，以传授技术、技能为主的教学理念有冲突，与现行课堂教学体制不配套；同时在教学环节的设计上也某种程度的脱离了当前高校足球教学的实际情况，因此，这种教学模式不能被较为广泛的采用。

尽管这个阶段的教学改革有很多问题与缺陷，但针对此类教学模式的效果往往会发现足球比赛蕴含着十分有效的育人功能，采用足球比赛的方式开展足球教学，应当是足球教学改革与创新的一个重要突破口，怎样开发与利用足球比赛将成为激活高校足球教学活力的重中之重。

（二）以培养学生足球比赛能力为目的的教学改革阶段

1. 教学改革内容

在这个阶段，教学目标是借助课堂教学来增加足球在大学生中间的影响力，大幅度提升足球爱好者的比赛能力。结合学生的实际情况，应当将教学目标定位成培养学生足球比赛兴趣和参与足球比赛的良好习惯，提高足球运动参与者在足球比赛中的整体水平等。为顺利达成这个目标，高效完成教学任务，依次制定的教学目标包括足球技术、比赛态度、比赛能力、比赛认知等，课堂教学始终围绕足球比赛来开展。希望通过课堂教学，从广度和深度上扩展大学生对足球比赛的认知。在教师引导下，通过教学比赛，使学生积累足球比赛经验，体验比赛的情感历程，对足球比赛产生较浓厚的兴趣。在此基础上，帮助学生树立端正的比赛态度，使其具备参加课外足球比赛的能力，并能在活动过程中不断提高对自己的要求，自省自己的行为。

在足球教学活动中，以实战作为出发点，教师将教学内容定位成一些最常见的足球技战术，把这些内容划分成基本功、常用技术、介绍内容。基本功包括脚内侧传球，脚内侧停、接球，脚背内外侧推、拨球，脚掌踩球、拉球等。学生学习基本功的目的是能够在他们之间开展小型足球比赛。而在小型足球比赛中常被使用的运球技术、跑动中停接球技术、抢截球技术、假动作等亦作为教学重点，传授给学生，目的在于提高学生的比赛能力。长传球技术、头顶球技术、掷界外球技术、组合技术以及简单的配合战术，则作为介绍内容。目的是增加学生足球知识，提高学生足球技战术水平。每次课的前半部分开展足球基本技战术教学，使学生依次掌握足球基本功、常用技术，了解长传球、抢截球、掷界外球技术和假动作以及基本战术配合。技术教学以使学生达到能踢小场比赛的水平为目标。

在课的后半部分会进行教学比赛。因为一个教学班往往为30人左右，所以比赛采用课外活动时往往会选择踢小场的形式。每队有4名或5名学生，一个教学班分成6支足球队。每个队借助抽签来确定自己在赛程表上的具体位置，同时根据赛程表顺序和教学班的其他队进行比赛。比赛时间大约是30分钟，未安排中场休息和裁判员。课的后半部分是教学重点。首先，教师需要结合比赛向学生讲解提升比赛水平的一些实际问题，具体包括无球队员的跑位问题和接应问题、持球队员处理球时需要遵循的具体原则、怎样提升踢球准确性等；其次，借助设定问题的方式，来启发与引导学生深入探究足球比赛隐含的育人问题，使得学生进一步认识和理解足球比赛，比较典型的一系列问题是：如何看待顽强意志品质对比赛胜负的作用；顽强意识品质表现出的行为有哪些；在比赛过程中执着于胜负之间，不顾一切来赢得胜利能不能称之为意志品质顽强。学生在寻求答案的过程中，既丰满了对足球比赛的理解，又发展了他们深入思考问题的能力。再次，强化学生的安全意识，突出足球比赛的娱乐性和健身性，在此基础上培育学生安全第一的思想。最后，利用比赛时的突发事件，启发和引导学生，规范自己在比赛中的行为，端正比赛态度，明确参加足球比赛的目的等。

2. 教学改革效果检验

本次教改立足于当前的高校体育教学机制，突出了足球比赛，符合大学生对足球教学的需求。教改提高了学生的教学参与度，活跃了课堂气氛。学生在结束一学年足球课程后，比赛能力普遍得到提升，开阔了视野，加深了对足球的认知。多数学生将课堂上所习得的技能、对足球比赛的认知、观点等，通过课外活动时踢球风格、方式等的改变展示出来。

尽管这次教学改革取得了一些教学效果，但仍旧有很多缺陷和不足需要完善。本次足球教学改革的缺点是：首先，尽管教学将足球比赛置于突出位置，但能够充分彰显足球运动魅力的11人比赛没有成为教学的重要组成部分，就无法全面实现足球教学的价值；其次，采用和足球专项训练相近似的技术分类教学，需要占用很多课堂教学时间，因而大大降低了足球教学效果。教师应当站在普及的角度，通过更加贴近的比赛情景的技术分类完成教学；再次，在教学中忽视了作为足球运功主要构成要件的足球竞赛规则，进而限制了足球运动在高校的开展；最后，本次足球教学改革未考虑大学生的学习特点、身心发展规律，学生的教学主体性得不到保障。

（三）三段式足球教学模式构建阶段

结合教学问题产生的原因分析结果与提出的对策，在以教学实践经验和教学的总结作为基础的情况，设计出三段式教学模式。三段式足球教学模式在这些需要解决的问题中有很强的针对性，这是这个教学模式可行性的基础与保障。

1. 三段式足球教学模式设计的过程

设计前的调查研究；实施过程中的阶段总结、调整和修改；实施后的效果评价是三段式足球教学模式设计的主要过程。为掌握学生对足球教学的客观需求，这里在开展教学活动之前，对学生进行了问卷调查，从而为选择教学内容与教学重点提供便利，保证分配教学课时的准确性。调查主要围绕学生对教学内容的要求，对足球运动能力的自我评价，对足球运动能力的认知展开，重中之重是对教学内容的要求。

结合对部分学生访谈获取的信息，对调查结果进行分析后得出以下几点结论：第一，最受大学生喜爱的教学形式是教学比赛。最受大学生喜爱的教学内容是足球比赛欣赏。第二，以技术为主的传统体育教学模式，使学生对其产生一定的依赖性，形成了以足球技术决定论为核心的足球运动观。第三，学生严重忽视和缺乏对足球竞赛规则重要性的理解和对这方面知识的掌握。第四，对足球文化知识学习有较广泛的要求。第五，对足球运动缺乏较为全面和深刻的认识、了解。

对照调查结果，三段式教学的设计可以有效满足学生对足球教学的要求与需求，采用以教学比赛作为主要内容的教学组织形式和教学手段，完成必要的准备阶段教学之后，可以有效突出学生的学习主体性。

为达到更加满意的教学效果，在教学实施阶段，教师结合深入掌握的学生身心条件、技术储备情况，对教学目标、教学组织、教学时间分配进行了细微调整，从而促使教学过程和学生要求更加符合。在所有教学单元结束之后，在对学生学习情况展开认真观察、访谈之后，在对教学效果展开科学评估的情况下，适度增减下个教学阶段的内容，有效改进教学组织和教学方法。

2. 三段式足球教学模式的理论基础

（1）以学生为主体、教师为主导的教学理念

大学生是文化素质比较高的社会群体，绝大部分大学生的身体运动能力较差，对自己拥有的运动潜能的心理认知水平较低，需要立足于身体方面和心理方面来再次开发学生的运动能力，促使学生在身心两方面都能够适应足球比赛。三段式足球教学是以理论教学为主导、以身体活动为主体的教学方式，从改变他们旧有的对足球运动的认知，消除身心运动惰性出发，降低了参加足球比赛的门槛，帮助他们树立了参加足球比赛的信心，最终促使他们在身心两方面习惯了足球比赛的氛围。这种教学模式符合大学生的身心特点，能较好地发挥他们的优势，有效地弥补了他们在运动能力方面存在的不足，教容易调动起他们的学习积极性，较好地体现了大学生在教学中的主体地位。

足球比赛是足球运动的主体，足球技术是保障比赛顺利展开的一项必需条件，足球比赛的内涵比足球技术要大很多。一般来说，足球的精神、文化、价值往往反映在足球比赛中，是学生进行体育锻炼的重要方式，而高校足球教师具有丰富的专业理论知识和经验。以足球比赛为主体的三段式教学模式，为他们创造了一个充分展示才能的平台，给予他们宽广的空间来讲授知识、传承文化、介绍经验。加强了教师在教学过程中的主导地位，丰富了教学手段，拉近了师生间的距离。为教师在教学中实现自己的教学理想创造了机会，使其自身价值得到充分体现。

三段式足球教学也向教师提出了更高、更全面的要求。教师不仅要熟练掌握足球基本技术，也要有扎实的理论知识基础，还要具备很高的掌控足球比赛的能力，要对足球文化有自己的理解和看法，要具备开发与利用足球各项功能的能力，要深入理解与

掌握足球竞赛规则，要具备教育理论知识以及教育心理学知识等。三段式教学模式属于可以有效推动教学相长的新型教学模式。

（2）群众性体育的发展规律

群众参与是大众体育的核心，业余组去比赛是群众性足球运动的主体。对于足球运动来说，大学生成长过程就是参与足球活动、锻炼身体和心理、提升运动实战技能、激发活动兴趣、形成活动习惯、努力在活动中达到自我实现的过程。三段式足球教学，与学生个体在足球运动中的发展规律同步，能帮助学生较为完整地走完这一过程，易取得令人满意的教学效果。足球运动要想在大学生群体中广泛开展，就必须展示其丰富的内涵，在大学生成长阶段所能发挥的作用；增加大学生对该项目的了解，降低参与难度，增加参与机会，拉近与大学生的距离，为大学生提供一个安全的、能使身心感到愉悦的活动环境；让大学生充分领略足球运动的魅力，体会足球运动的价值。三段式足球教学能够满足开展足球运动的这些要求，帮助学生全面认识足球运动的作用，帮助其以正确的心态积极投入足球运动中去，符合足球运动在高校发展的要求。

三段式足球教学通过很多形式的比赛开展教学，使得教学和学生熟悉的课外足球活动存在很多相似形式、统一内容。教学将实际情况和学生需求作为出发点，帮助学生战胜参与足球活动中遇到的各种困难，能够有效发展学生对足球比赛的身心适应性，不仅和课外足球活动存在密切联系，同时具备很强的实效性特征。采用学生熟悉的方式开展教学活动，不仅能让学生尽快融入教学活动，在教学过程中维持很高的积极性和主动性，同时有助于学生把教学成果转变成课外足球实践活动，有助于及时反馈教学情况和学生主体性的持续发展，能够有效保证教学的良性循环。

（3）以人为本的教育思想

国际 21 世纪教育委员会向联合国教科文组织提交的报告《教育——财富蕴藏其中》提出了教育的“四个支柱”：“学会认知，即获取理解的手段；学会做事，以便能够对自己所处的环境产生影响；学会共同生活，以便与他人一道参加人的所有活动并在这些活动中进行合作；最后是学会生存，这是前三种学习成果的主要表现形式”。在此基础上，现代教育“从促进教育的统一性转变为促进教育的创造性和革新精神；从促进竞争转变到促进合作；从狭隘的民族观点和忠诚转变为全球的观点和忠诚；从强调为私人利益而学习转变到强调为公众利益而学习。……强调自知、自尊和信心，以面对迅速变化的世界；促进发展人际关系，支持年轻人发展与他人联系的能力”。以足球比赛为主体的三段式足球教学，较为全面地满足了现代教育在这些方面的要求。在足球比赛中，学生提升比赛能力、实现自我超越的过程就是包含发展认知水平、改善做事能力、与人交往能力的过程；就是多角度感受竞争、逐步强化与人合作的能力的过程；就是持续深层次探究自知与自尊，增强自信心的过程。三段式足球教学在教师和学生的共同努力下，就可以充分反映足球比赛的育人功能。

3. 三段式足球教学模式教学成果

对采用观察法取得的同时、同场地，参加传统教学和三段式教学学生各种数据进行对比。结果显示新的教学模式在学生参与度、身体活动密度、强度等方面提高明显。统计方法为，将全年分为教学初期、中期和后期，分别占两个学期各5次课；课堂教学分为开始部分、准备部分、基本部分和结束部分。将秒表作为工具，依次统计学生活动时间以及活动形式，观察发现不同学生在参与教学的积极性、主动性等方面存在着明显不同。

经过一学年的学习之后，本班学生的比赛能力出现了大幅度提升，显著表现是学生对比赛心理适应能力、身体活动适应能力、技术运用能力、协作能力等获得了显著改善。各班相继组建了班级代表队，参与人数不断增加，相互间开展课外足球比赛以及校内其他球队比赛的场数有所增加。比赛过程反映出学生能够比较深入地理解足球运动的文化与精神，能够把已经掌握的理论知识内化成自身的足球思想，同时对自身的足球实践发挥指导作用。在比赛过程中，学生提高了安全意识与社会交往能力，任何比赛都能够在友好、安全的氛围中完成，教学效果得到了学生的广泛认可。教学为足球运动在学校的推广工作和普及工作贡献了很大力量。

4. 三段式教学模式存在的问题

在教学实践中笔者亦遇到许多困难，存在着教学设计的粗糙与不足。就技术教学阶段来说，主要存在两方面问题：第一，在如何使足球基本理论发挥指导学生实践，帮助学生自觉发展技术能力方面，设计得过于理想化，在实际运用过程中未能充分发挥应有的作用。在教学中只能多次重复，亲自指导，学生才能较好的完成安排的教学内容，浪费了大量宝贵的教学时间，亦使教师疲于进行范围仅限于个别小组、甚或个人的讲解、示范，而无暇顾及对整个教学班练习情况的监督与管理。第二，在选择基本教学理论的内容时，因为足球技术的构成要素比较多，所以学生在以脚为主完成各类动作时往往会遇到很多种问题，再次受限于自身的理论水平，在教学实践中难免会出现力不从心的情况，对学生提出的部分问题无法找到有效的解决方法。

竞赛规则教学以前都是以理论课教学形式开展的，这种教学方式组织简单，足球竞赛规则讲授起来，各章、各节，条文、数据容易说明，便于教学活动的开展。而将竞赛规则放在实践课教学中，一切都要从头做起。首先就是教材的组织问题，虽把教材分成介绍部分和理解、掌握部分，但在实际教学过程中，对各自应占教学时数的分配缺乏依据；在开展犯规与不正当行为教学活动时，使用的是讲解、示范教学法，教学效果不好。教师要求学生在课前熟记犯规的十项条文，但在课堂教学过程中才发现没有一名学生在课下自学过规则。因而，只有教师的讲解和示范，学生也无法准确理解规则，这说明教学设计在推动学生课下自学体育知识上存在一些问题。

对于足球比赛教学阶段来说，主要问题是向比赛教学赋予了太多的教育内容，尽管教师指导使得学生在很多方面获得显著进步，但这并不能掩饰育人教学实施以来情景教学的情况，存在组织的系统性与完整性不足的问题。因为没能透彻剖析教学目标的关系，使得开展教学活动的过程中出现了选择教材和选择教学方法的混乱。

5. 三段式教学模式对策

针对三段式足球教学模式在实践过程中出现的系列问题，应当采用以下对策。

第一，在开展技术教学活动时，应以具有明确针对性的基本理论作指导，使学生在理解了理论知识后能在练习过程中，对自己的练习效果进行自我评价和反省；第二，在教学初期，进行形式简单、较为枯燥的基本功练习时，应加强对学生树立认真、严谨的学习态度的教育；第三，在开展竞赛规则教学前，要尽量将各章节内容与学生的身体活动结合好，编排出与各章节内容联系紧密的练习方式和游戏；第四，在条件允许的情况下，建议教师选择多媒体教学，把足球比赛中出现的犯规行为、错误行为、危险动作变成教学视频，从而获得更加理想的教学效果；第五，在将足球比赛作为内容的教学阶段，不仅要以教学组织难易程度和教学目标间的因果关系作为依据，同时要遵循先身体，后心理，再思想教育的顺序开展教学活动。

第四节　学校足球教学评价现状及改革

一、学校足球教学评价现状

在现阶段，我国学校足球教学采用的评价方式往往是选取 1 ~ 2 项足球技术作为考试内容，结合学生在考试过程中运用这两项技术的具体情况，给予学生对应的分数。与此同时，教师凭借学生的出勤情况和课堂表现来给出形象分,两项分数的总和就是对学生学习全过程的评价。

我国学校足球教学采用的这种评价方式不客观、不公平。只根据一次课和两项技术掌握情况,难以全面、公正、客观地体现学生在整个教学过程中的表现,无法客观衡量学生取得的学习效果。同时这种只考试学生的技术水平,不反映教师的教学能力的评价方式本身就是建立在一个不对等的基础上的,毫无公平可言。一是师生间的不公平,考试只测试学生对技术的掌握情况,并不针对教师的教学活动的开展情况,考试结果无法直观反映教师的教学能力;二是生生间的不公平,有些学生很可能在足球教学开展以前就已经达到了测试的优秀标准,有些学生可能根本就不参加足球活动,却在两项技术考试上获得高分,再者,技术差异反映不出学生能力水平的高低,所以考试结果反映不出学生学的效果;三是教师之间的不公平,各教师的授课班级,学生的足球基础不同,使教师无法在同一水平线前起步,考试结果反映不出教师间教学水平的差距。因此,使考试失去了教学评价的作用。

对于学校足球教学的教学考核内容、考核方法以及考核形式,无法发挥检验育人成果、检验教学效率、反馈教学过程中各项问题的作用。就教学效果评价来说,当前的教学评价体系有忽视过程、忽视学生学习目标、忽视学生优势、评价内容单一、评价形式简单、考核方法严谨性不足等问题,并且提出了有关的由运动技能单一型评价向综合体育素质评价、终结式评价朝过程式评价,绝对性评价朝个体相对性评价转变,以及评价方式多样化的处理措施。

就体育教学评价来说,不可以只对现象进行客观描述与事实判断,还需要把评价重点置于价值判断上。在评价方法方面,一定要将传统的量化评价和可以有效揭示价值特点的质性评价有机结合起来,并从这两种方法上考虑评价指标体系的确立。针对在足球教学功能的定位发生转移,足球教学的价值判断发生改变的前提下,教师在教学指导思想方面产生的困惑,提出了如何建立新的评价体系,怎样对教学过程、教学效果的优劣进行判断的问题。

二、学校足球教学评价的改革

尽管足球运动凭借自身的体育魅力发展成学生最受欢迎的一项体育项目,但传统的终结性足球教学评价体系使得足球教学的吸引力不断降低,严重扼杀了学生对学校足球教学的学习兴趣与学习主动性,这是现阶段制约我国足球教学质量的一项重要原因。过程性评价是一种基于个体化差异理念,旨在推动学生均衡发展而形成的一种科学评价模式,现已大范围应用在现代各种教育教学中。这里以过程性评价为例,阐析学校足球教学评价应当采取的改革措施。

(一)评价学生的体质及足球基本技术

新生入学后的前 2 周,对学生进行问卷调查、检测、访问以及观察等措施了解学生的基本情况,调查的内容主要包括脚背内侧踢球的距离、颠球的次数、30 米加速跑速度、比赛技术以及 1 500 米长跑时间等,根据学生调查结果反馈的身体素质以及足球基本技术对学生进行分组归类,并建立详细的学生信息档案。一旦开展足球教学课程后,同时也对学生进行评价,并贯穿于整个高校足球教学过程中,每学期末的考评应根据本学期以及以往学生信息档案里的数据变化以及进步状况做出科学的评价。

(二)实现足球教学评价内容全面化和评价方法多样化

过程性评价与终结性评价存在很大差异,过程性评价涉及的方法、内容、过程更加复杂,评价方案的系统性特征更加明显,教学评价的内容应当涉及教学管理评价、学生评价、教师评价、课程评价、教学过程评价这五个维度,不但要重视学生的学习效果,而且要重视学生在足球课程学习中的变化与发展情况。在实际应用过程中,不同的教学阶段对评价的要求以及内容也会有所区别,因此每一个教学评价维度应根据要求划分不同的层面,高校足球教学评价应注意内容的延续性,确保整个教学评价体系的系统性和完整性。其次应采用灵活多样的评价方式进一步完善足球教学评价操作的程序和手段,具体应评价学生的学习结果、学习过程、学习行为、学习态度、合作精神等内容,可以采用教学比赛、读书笔记、评价表、观察以及档案袋等多种评价方式让学生能够充分展示自己掌握的足球技能以及足球技术。

（三）实现足球教学评价主体的多元化

学生互评、学生自评、教师评价、家长评价都可以作为过程性评价模式的评价主体,多元化的足球教学评价体系摆脱过去教师"独掌大权"的情况,促使学生成为教学评价过程的参与者,在学生自评和学生互评的评价过程中逐步认识自我,展开自我反思,主动完善自我和发展自我。在足球学习过程中,有助于学生反思自身的学习能力,掌握自身学习的优势和劣势,针对劣势能够强化训练,并且多元化教学评价主体的评价结果能够达到全面、客观、真实的要求,对教师了解学生、挖掘学生潜能、推动学生发展都有促进作用。教师可以在上每节足球课时,组织学生分成若干个小组,学生结合教师的授课以及动作示范,进行合作、自主探索,总结、记录本堂课程的学习感悟、收获以及学习方法。每一个月组织小组成员进行一次讨论,首先每个同学对自己的表现进行自评,然后结合日常讨论中学生的发言以及学习表现,对其他同学进行评价。最后教师根据对学生的日常观察,对全体学生进行综合量化评价。其中教师评价、学生互评以及学生自评在最终过程性评价中的成绩所占比例应为30%、30%、40%,也是将学习的主动权交给学生,充分发挥学生的主体作用,培养学生的自主学习能力。

（四）应将定性评价与定量评价相结合

在过程性评价模式中，会涉及学生锻炼能力、兴趣、心理素质、情感态度等多项指标，这些指标因为学生个体间的差异，难以制定出完全统一的标准展开量化，所以为增加足球教学评价的科学性和公正性，建议教师选用定量评价与定性评价相结合的评价方式，从而有效掌握学生的学习情况。

第三章　学校足球运动课程教学设计的体系分析

足球是学校体育教学中重要的课程之一，其整个教学体系包括很多方面，主要有教学目标、教学内容、教学方法、教学评价等。良好的足球课程教学体系是学校足球运动教学得以顺利开展的关键，也是提高教学效率，获得理想教学效果的重要因素。本章就学校足球运动课程教学设计的体系进行分析，内容包括足球运动课程教学目标设计、教学内容设计、教学方法设计以及教学评价设计。

第一节　足球运动课程教学目标设计

一、足球运动课程教学目标的设计依据

（一）教学总目标

对于各级体育教学目标来说，体育教学总目标是其总标准，各级体育教学目标的实现都是为学校体育教学总目标来服务的。

详细地说，在对足球教学目标进行设计时，要对整个足球教学系统的各个具体目标以及这些目标之间的关系加以充分考虑。逻辑清晰、层次分明地设计足球教学目标是实现足球教育教学总目的的重要前提。在足球教学中，设计教学目标要同足球教学总目标始终保持一致。每一节足球课的教学目标都应该为足球教

学总目标的实现奠定基础。

总的足球教学目标主要包括以下几个方面。

（1）促使学生的体质和体能得到全面提高，对学生的足球运动兴趣加以培养，向学生普及基本的足球运动知识；促进学生更好地学习和掌握足球技战术，对学生的拼搏进取、团结协作的精神进行培养，从而为我国的足球运动更好发展培养优秀的后备人才。

（2）充分发挥足球的教育功能，并推动我国基础教育的改革。

（3）对学校足球运动的开展加以规范，促使我国学校足球运动整体水平得到不断提高。

（4）根据我国青少年校园足球发展的战略部署及要求，制定校园足球发展战略，并逐渐形成相应的指导纲要，促进我国校园足球运动的开展。

（5）在学校足球活动领导小组的积极指导下，对于相应的工作计划，学校要进行积极落实和贯彻。

（二）教学功能与内容

首先，体育教学目标受到体育功能的相关影响。所以，体育的多元化功能导致了体育教学具有多元化目标。就足球教学来讲，足球运动具有体育运动的一般功能，还具有足球运动教学育人的特殊功能，在足球教学中，应针对具体的教学功能设计相应的教学目标。

其次，在体育教学中，体育教学内容是重要组成部分，这就要求我们在设计体育教学目标时，要认真分析体育教学内容，一方面要体现出体育教学领域的全面性，另一方面还要将教学中的重难点以及特点凸显出来，并据此确立相应的教学目标。足球教学目标的设计要体现出足球运动的特点和规律。

（三）学生身心特点

在体育教学中，学生是其中的重要主体，设计体育教学目标就要对学生的具体需要、态度、兴趣、学习倾向等个性因素加以充分考虑,要同学生的身心发展规律相符合。

就学生的个性因素来看,足球教学要想取得最佳的教学效果,就必须吸引学生的关注,提高学生参与足球运动的兴趣。要想提高学生的学习兴趣,就要根据学生生理、心理和智力特点,将足球运动的趣味性、目的性、对抗性等相结合,使学生由浅入深、由易到难地逐渐掌握足球运动知识,从而获得参与足球运动的基本能力。而且教师还要注重学生对足球运动的兴趣,来提高欣赏足球运动以及参与运动的能力。

就拿学生身心发展规律相符合来说,人在发育的过程中,存在几个敏感期,在培养学生足球素质方面这几个敏感期有着非常重要的作用,只有把握好这个敏感期,才能使足球教学获得事半功倍的效果。根据相关调查可知,学生时期是一个人各项素质得以快速发展的高峰期。足球教学能够促使学生的身心发展需求得到充分满足。通过设计足球教学能够保证这一阶段的教学尽可能地使学生受益,并使其成为学生终身的爱好,这也是体育教学的根本目标。

(四)客观教学条件

在教学过程中,客观物质教学条件在其中具有非常重要的制约作用和影响。所以,在设计足球教学目标时,要实事求是,不能与教学实际相脱离。在设计足球教学目标的过程中要对学校体育教学的器材、场地、设施等条件因素进行考虑,促使足球教学目标的设计更加科学、合理,具有实现的可能性。

二、足球运动课程教学目标的设计程序

(一)学习纲领性文件

在学校体育教学中,足球是重要的运动项目之一。在《全日

制义务教育体育与健康课程标准》和《普通高中体育与健康课程标准》以及《全国普通高等学校体育课程教学指导纲要》中，都将足球运动列为重要体育教学内容。通过对以上这些文件的学习，对于体育教师对足球运动课程的总目标、具体目标、教学内容、教学方法和教学要求进行了解有着非常重要的意义。对体育教师的足球教学目标设计具有方向性的指导作用。

（二）分析教学对象

学生是教学的主要对象，同时也是足球教学过程中师生双边关系中的一边，对教学对象进行分析有着非常重要的意义。详细地说，在具体的足球运动实践过程中，体育教师应根据学生的一般特征、学习风格、学习需要、学习基础等设计体育教学目标，这在前面已经详细介绍，这里不再赘述。

（三）分析教学内容

对足球教学内容进行分析，是对学生起始能力变化为终点能力所需要的从属知识和技能，以及纵向、横向关系进行详细剖析的过程。通过对足球教学内容进行分析，能够很好地帮助体育教学对足球教学内容的深度、范围、功能、特点进行确定，并对足球教学内容中各项知识之间的关系进行明确，详细的分析过程和内容，可以参考下表3-1。

表3-1　分析教学内容步骤

步骤	内容	说明
1	单元学习任务的选择与组织	教学准备
2	单元体育教学目标的确定	
3	教学任务分类	教学基础
4	教学内容的评价	
5	教学任务分析	教学提高
6	教学内容的进一步评价	

（四）陈述教学目标

在对纲领性文件、教学内容总体情况、教学对象进行学习和了解的基础上，结合足球运动和足球教学的特点和规律，从整体上对大中小各个学段进行充分考虑，对足球教学目标进行设计，一个完整、明确的足球教学目标应包括教学对象、教学对象的体育行为、确定行为的条件和程度四个部分。

在确定好足球教学总目标，通过与具体的教学实践相结合来对各个水平、各个领域和各个学段的具体目标进行合计（图3–1）。

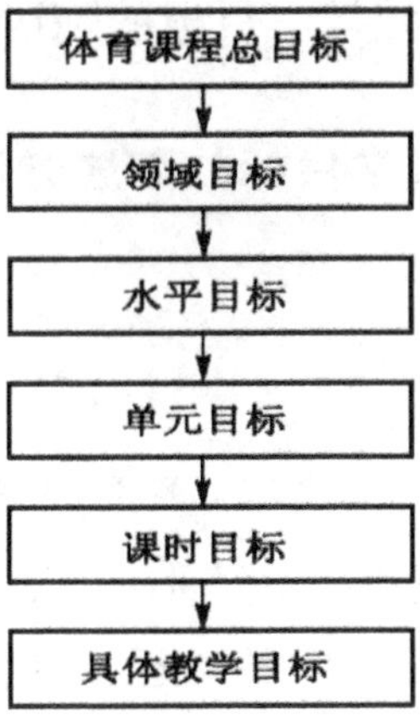

图 3–1

设计的足球教学目标（包含大中小各个学段目标）都要同认知规律相符合，并保持相应的连续性。根据《全日制义务教育体育与健康课程标准》和《普通高中体育与健康课程标准》以及《全国普通高等学校体育课程教学指导纲要》的精神，一个经历了小、中、大各个学段较为完整足球教育教学的学生要达到以下几个目标。

（1）对于足球的基本技术动作，学生能够进行掌握、示范和运用。

（2）在学习和发展过程中，学生要对足球的理论知识进行理解和运用。

(3)通过足球教学达到增强学生体质、增进学生健康的目的，提高学生参与足球运动的积极性，并养成良好的足球运动健身和锻炼习惯。

(4)通过进行足球学习，要对足球运动中人的差异性予以理解和尊重。

(5)在足球运动中能够表现出个人和社会的责任意识，以及竞争与合作、吃苦耐劳、顽强拼搏的精神和行为。

(6)通过参与足球学习，学生要从中体会到足球运动的乐趣，并形成良好的个性特点和意志品质，学会合作和竞争，勇于展现自我，并建立良好的人际关系。

教学目标设计者(以体育教师为主)对足球教学目标的表述要尽可能用明确的语言，单元教学目标的陈述要尽可能的详细、具体。

三、足球运动课程教学目标的陈述方法

(一)明确目标行为主体

体育教学目标要对学生学习产生的结果和变化予以重视，而不是同以往那样单纯将教师“教”作为行为主体的过程。

目前，以学生作为行为主体已在足球运动教学中得到明确。因此，在对足球教学目标进行陈述时，要将学生的主体性突出出来。

(二)准确使用行为动词

对于体验性目标和结果性目标，足球教学目标要采取行为动词来进行描述，以更好地将学习结果的层次性予以区分出来。具体来说，教学目标一般应该包括“对象”(哪些学生)、“条件”(在什么情境中)、“行为”(做什么和怎么做)和“标准”(做到什么程度)四个部分。对于各个方面、各个层次的目标，体育教师要进行认真的研究和分析，并将目标具体化，在对教学目标进行制定时，

要对不同行为动词的具体含义进行了解，并对能够将不同层次意义予以体现出来的行为动词的使用进行明确（表 3-2）。

表 3-2　体育学习目标的行为动词概览示例

	行为动词的层次及意义	行为动词
认知性目标行为动词	了解层次：再认与回忆；识别、辨认事实或证据；举出例子	观看；知道、了解、认识
	理解层次：把握内在联系；与已有知识建立联系；进行解释、推断、区分、扩展；提供证据；收集、整理信息等	学习、体验、进行；理解、获得、掌握；培养、丰富、增加、增强、提高
认知性目标行为动词	应用层次：在新情景中使用概念、原则；进行总结、推广；建立不同情景下的合理联系等	分析；表现出、改善、形成；塑造、保持、迁移
技能性目标行为动词	练习层次：独立或集体体验、学习动作	学习、做出
	掌握层次：独立完成动作；调整与改进	完成、掌握；发展、增强、提高
	运用层次：与已有的运动技能建立联系、灵活应用等	进行、适应、运用
情意性目标行为动词	经历层次：从事相关活动，建立感性认识	参与、体验、认识；交流、合作
	反应层次：在经历的基础上表达感受、态度和价值判断；做出相应反应等	感受、完成；表现出、做出；遵守、履行；调节、规范、应对；控制、迁移
	领悟层次：具有稳定态度、一致行为和个性化的价值观念等	学会、实现、提高、发展；培养、形成、养成、具有、保持；对待

（三）规定学习条件

在对足球教学目标进行陈述时，对环境、情景和信息等足球教学条件进行陈述是其中一个重要的部分和环境。由于足球运动自身的运动特点，足球教学设计的准备工作和教学资源较多，这些都是足球教学中不可或缺的内容。

（四）说明预期效果

足球教学目标的陈述必须要具备经过教学活动之后所预期能够达到的效果。此外，描述预期效果时，要以学生作为主体，并尽可能地采用肯定句来描述教学目标。

第二节　足球运动课程教学内容设计

一、足球运动课程教学内容的特征

（一）教育性

教育性是足球运动教学的一个重要特征，是指足球运动课程教学内容要将对学生体育素养的培养作为目标，培养学生集体主义精神，勇敢、顽强等意志品质，加强学生思想品德教育。

足球运动课程教学内容的教育性主要从以下几个方面体现出来。

（1）适合于大多数学生。

（2）有益于学生的身心发展。

（3）安全又具有冒险性。

（4）摒弃落后内容（如具有一定危险性的运动等）；避免过于功利。

（二）运动性

同其他教学内容相比，体育教学内容的区别在于其是以有关身体运动的学习和身体运动的技能形成为主要培养目标的内容。体育教学内容主要是解决学生会与不会的问题。足球教学内容作为体育教学内容的重要内容之一，它具有明显的身体运动性特征。在足球教学中，体育教师通过组织学生进行身体练习（身体素质训练、足球技术练习），来提高学生的足球运动素质与技能水平。

（三）娱乐性

大多数体育运动项目都是从人类的生产生活游戏中演变发

展而来的,足球运动也不例外,足球运动起源于蹴鞠以及相关形式的游戏,因此其必然具有娱乐性。

在具体的足球运动教学中,将足球运动的娱乐性予以突出,能够促进学生学习足球的兴趣得到提高,实现良好的足球运动教学效果。特别是对于运动基础相对较差的学生或者正处在足球运动教学初级阶段的学生来说,体育教师更应该注意将足球教学具有较强娱乐性的内容突出出来。

(四)健身性

从本质上讲,足球的学习过程是学生不断进行身体练习并最终掌握运动技能的过程。在足球教学过程中,学生的足球练习不可避免地要承受一定的运动负荷,为学生提供了体能增强以及健康增进的可能性。因而,合理安排身体练习的负荷过程以及负荷大小,增进学生的健康是足球教学内容选用的重要目的。

(五)非阶梯性

在足球运动课程教学内容中,非阶梯性主要体现在足球教学内容是由众多的相互平行的身体练习和竞技运动项目所共同组成的,并不存在学科内容之间的比较清晰的从容易到困难或从简单到复杂的阶梯型结构,也没有明显的从基础到提高的逻辑内容结构体系,这就是足球教学同其他教学内容相区别的重要特征之一。

二、足球运动课程教学内容的选择

(一)教学内容选择的依据

在促使足球教学目标实现方面,足球教学内容是其重要的手段,而非目的。体育教学具有多元性目标,并且足球技术教学内容具有可替代性，这就使得体育教师在选择和组织足球教学内容方面有着较大的难度。在具体的足球运动实践中，在选择足球教学内容时，体育教师要对以下几个方面进行充分考虑。

（1）要以学校体育教学目标为依据，保证足球教学内容的科学性和有效性。

（2）对学生的学习需求以及社会对足球人才的需求进行充分考虑。

（3）要保证足球教学内容同学校的整体教育目的相符合。

（二）教学内容选择的过程

1. 评估体育素材的价值

在对足球教学内容进行选择时，体育教师要从足球教学目标、足球运动事业的发展、社会的生产生活与科技教育等发展的实际需求和发展条件出发，在此基础上，来分析和评价现有的足球教学素材，要充分分析和论证所选的足球教学内容能够促进学生身心健康，能够促使学生积极主动参与足球运动锻炼，能够促进学生思想品质得到提高，选用合适的教材内容组织足球教学。

2. 整合运动项目与练习

在足球教学中，不同的足球技术、战术和身体锻炼形式，会对学生的身心产生不一样的作用和影响。因此在选择足球教学内容时，在以本学校的教学目标为根本前提，在此基础上认真分析教学内容对学生身体功能的不同方面发展是如何促进的，然后将教学内容与身体练习进行整理与合并，合理加工成为新的足球教学内容。

3. 选择有效的教学内容

足球运动具有非常复杂技战术结构，在有限的足球教学课时中，很难讲所有的足球运动技战术和身体素质练习的教学完成，这就要求体育教师根据社会需求和现有条件，对各个阶段学生的兴趣爱好和身心特点加以充分考虑，同时结合学校足球教学的目标，从中选择出合适的教学内容来进行足球教学。

4. 对所选内容进行可行性分析

选好足球教学内容后，要对该足球教学内容的可行性进行分析，分析本地区地域、气候和本校的场地、器材等条件的制约与影响，充分考虑教学计划在这些特殊环境中的可行性，并要保证各地、各校执行的弹性，为足球教学实践的开展留有余地。

第三节　足球运动课程教学方法设计

一、足球运动课程教学方法的概念

所谓教学方法是指为了完成课堂教学任务和教学目标，体育教师和学生所采用的具体方法，它是一种行为或者说是一种操作体系，包含了体育教师的教和学生的学两个方面的具体方法。体育教学方法则可以认定为是在一定的体育教学思想指导下的教学方式、方法以及组织形式等的总和、总体。[①]

对于足球运动课程教学来说，足球教学方法就是在足球教学过程中，体育教师和学生为了完成具体的足球教学任务和实现足球教学目标所采用的各种手段和方式。从广义层面来看，教学方法是指体育教师的教法以及学生的学法两个方面的内容，从狭义层面来看，教学方法主要是指体育教师的教法。

教师"教的方法"与学生"学的方法"联系密切，这是教学方法的本质。

① 龚正伟．体育教学论[M]．北京：北京体育大学出版社，2008.

二、足球运动课程教学方法的选择

(一)教学方法选择的依据

1. 教学目标

《体育课程标准》中规定:“第一级的课程目标是一种高度概括的表述,对选择教学方法具有整体定向的方向意义。单元的、课时的教学目标是结合学习领域目标和水平目标将体育教学目标具体化了。”所以,在选择足球教学方法时,体育教师要将本校本单元、课时的教学目标作为重要的参考依据。

2. 教材内容

在选择足球教学方法时,足球教学内容是一个很好的参考依据,两者之间有着密切的联系。足球教学内容的性质不同,所采用的教学方法也应有所差异,也就说根据不同的足球教学内容,选择有针对性的教学方法。学校教学方法必须根据体育教材的性质和特点进行选择。

3. 教学时间

在足球教学实践中,不同的教学方法所需的时间和工作效率不同,因此在选择足球教学方法时,要对所选择教学方法的教学效率以及所需要的教学实践进行充分考虑,以尽可能地选择出合适的教学方法,促使足球教学效果得以不断提高。

4. 学生特点

在足球教学活动中,学生作为教学主体发挥着非常重要的作用,这就要求体育教师在选择教学方法时,要对学生的特点进行考虑。具体来说,需要考虑的学生的实际情况,主要是需要考虑到学生的性别、年龄、身心发展特征,以及体育知识技能基础特征。要着重强调所选择教学方法要符合学生的身心发展特点以及学生所具有的体育知识技能基础，从而制定出同学生水平和要求相符合的有效的教学方法，做到教学方法要以学生为本。

5. 教师特点

教师是教学方法的实施者，教学方法从本质上来说就是体育教师以自己的个性选择教学方法，教学方法要尽可能地展示教师的教学水平。一般地，体育教师在选择教学方法时，应考虑到自身所具有的运动专项知识水平、专业职业素养、教学水平和体育教师的个性特点。

6. 教学环境

在选择教学方法中，教学环境也是其中的一个重要选择依据。它主要包括运动场地、授课时数、器材设备、社会风气、班级人数等因素。教学环境会制约教学方法。如果体育教师对教学环境加以充分利用，尽最大限度地创造出条件，营造良好的氛围，选择适当的教学方法，便能够促使足球教学质量得到不断提高。

（二）教学方法选择的原则

1. 最优性原则

每一种教学方法都具有其优缺点，能够对不同的教学环境进行适应。所以，要将这些教学方法进行组合使用，这样才能形成不同体系的综合教学方法，每一套教学方法的特点都是鲜明的、独特的。根据足球教学具体实际，体育教师应选择一套最符合实际的教学方法。

2. 统一性原则

统一性原则要求教师在选择相应的教学方法时，应注重“教”与“学”的统一，使得两者之间密切结合，相互促进。如果只强调其中的一方面，则教学活动并不会取得良好的效果。

3. 启发性原则

任何形式的教学方法都必须能够更好地调动学生的自觉性

和积极性,引导学生进行积极探索和思考,并能够促使学生的素质得到全面提高。能培养学生兴趣和动机,发展学生思维和学习意识的教学方法才是最佳方法。

4. 创造性和灵活性原则

一方面,在对教学方法进行选择时,要将体育教师和学生的创造性充分发挥出来,积极地创新和改进教学方法,以使教学方法能够更加适合足球教学实践活动,最大限度地发挥出教学方法的功能,以获得较好的教学效果。

另一方面,教学活动是一个动态发展的过程,教师在课前设计的相应教学方法可能在具体的教学实践中面临多方面的问题,这就要求体育教师要加以灵活应对,结合具体教学实际,来对这些教学方法进行创造性的、灵活的运用。

(三)教学方法优化的程序

1. 明确体育教学任务

将教学任务和教学目标作为主要依据,分析并细化一节课的具体教学任务,并对详细的任务规划进行制定。

2. 提出总体设想

通过对教学任务、教学内容、学生的具体情况以及教学的外部情况等进行分析,对相应的教学方法进行评估和分析。在提出教学的总体设想时,充分考虑教学方法的可行性和适用性。

3. 分析教学方法

对教学方法的具体方式和细节进行制定,并对各种教学方法进行分析,补充其不完善的地方,从而对最佳的教学方法进行确定。

4. 实施与评价

将教学方法应用与教学实践,并对教学方法产生的效果进行跟踪了解，可通过学生反馈的形式了解具体情况。对所反馈的信息进行归纳、分析和研究，并提出改进的意见，同时及时做出总结，以备参考。

三、足球运动课程教学方法调控与设计

足球教学是以学生身体练习和实践活动为主，因此在诸多教学方法中，以身体练习为特征的教学方法是教学方法的主要内容。可见练习方法的重要性，这里重点对足球教学中的练习方法进行详细分析。

在足球教学中，足球练习方法贯彻始终，它是教学方法的重要内容之一。足球练习方法根据教学需要和教学内容可以分为足球体能、足球技术、足球战术练习方法（图 3–2）。在足球具体教学实践中，无论是进行专业性的足球教学，还是公共足球教学，体育教师都要尽可能地多采用各种练习方法。

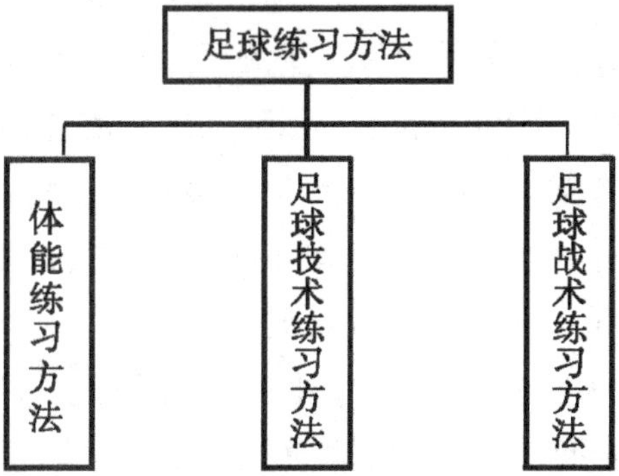

图 3–2

练习方法具有多样性与新颖性，在足球教学中，如何引起学生学习兴趣、激发学习热情、取得良好教学效果是调控与设计练习方法的重点。所以，如何对练习进行设计和组织，成为教学过程中所需要解决的重要问题。在具体足球实践活动中，对于练习方法的设计，体育教师要着重考虑以下几方面因素。

（1）根据不同的教学任务、不同的教学对象、不同的教学环境条件，设计和采用灵活多变、适应性强的练习方法。

（2）结合学生的实际水平和自身特点，通过变化方法要素，设置具体练习任务，来达到各个不同的目的。

（3）对练习方法进行设计，要对练习的目的和作用进行充分的认识。

（4）对练习方法进行设计，要使学生的学习需求得到满足。

（5）对练习方法进行设计，要同教学任务、教学特点、教师本身的参与性、学生学习的积极性以及教学基本条件相符合。

第四节　足球运动课程教学评价设计

一、足球运动课程教学评价的基本程序

（一）足球教学评价的准备

足球教学评价工作的开展，必须要对为什么评、由什么人来评以及评什么这三个问题加以明确。这就是在对评价方案进行设计时，首先要考虑的问题。评价方案就是，将教学评价的目的作为依据，由评价对象、评价工具、评价方法、评价指标体系以及实施步骤等所共同组成的整体方案。

（1）为什么评，就是指要对评价目标进行明确。一次特定的足球教学评价，或研究某种教学模式，或探讨教学内容的开发，或改进教学方法，或检查教师水平等，那么在评价的组织、内容和方法上都不会一样。

（2）什么人来评，主要是指教学评价的组织。评价活动不同的类型，其组成人员和组织形式都是不同的。一些评价比较重要，需要由一定的评价机构进行组织；有的足球教学具有选拔性和探索性，需要由专家来进行评价；有的足球教学活动主要是交流性的，主要由普通教师参加等。

（3）评什么，主要是指对评价指标进行设计。为了达成相应

的评价目的，需要针对某些方面进行评价，或者进行全面评价，主要评什么等。评价指标是评价目标一个方面的规定，是具体化、可测量和可操作化的目标。系统化、联系紧密的指标群（评价指标体系）才能反映目标的整体。要根据《课程标准》的具体要求，将知识与技能、情意与合作、态度与参与、体能等作为评价内容，并对权重加以合理确定。《课程标准》提倡将教师评价作为基础，对学生进行自我评价和相互评价进行引导，并重视将终结性评价和过程性评价相结合，促使学生体育学习、锻炼的能力和积极性得到提高（表 3-3）。

表 3-3　足球学习成绩评价表示例

学生姓名：

评价项目	评价内容	评价分类			权重（%）	得分
		自评	互评	教师评价		
学习态度	积极性 出勤率	10				
体能	心肺功能 协调性 灵敏性 速度				10 10 10 10	
足球技能	运球 传球 射门 运用				10 10 10 10	
情意表现					5	
合作精神					5	
等级		总分				

（二）足球教学评价指标的设计

（1）对足球教学目标进行分解，并对评价指标进行初步拟定，如教学领域及目标、教学内容、教学方法、教学效果等；再将目标分解为更为具体的二级指标。如将“教学方法”分解出条理清楚、示范得当、联系实际、指导得法等，再按优劣区分出 A、B、C、D 四个等级的三级评价指标，组成足球教师教学质量评价指标体系。

（2）进行筛选归类，归类和筛选初步拟定的指标，通过采用取主舍次，合并同类，去难存易的方法，使之“少而精”，这不仅能够方便操作，同时还能够对评价的有效性提供保证。

（3）确定指标体系权集，根据各项指标的重要程度来确定它们的权重和权集，为量化分析做准备。权集是确定各指标同评价结果之间重要程度的关系集。权重是相应的指标对达到目标的影响程度。

（4）进行专家论证，对于指标从理论和实践方面来证明其同评价的要求相符合。

（5）进行试行修订，先进行小范围内的试行，在必要的情况下，再修改指标体系，从而使之变得更加合理一些。

（三）足球教学评价表格的设计

在设计好评价指标之后，就要对足球教学评价信息的收集和处理的方法进行考虑，并对相应的表格加以设计，从而为足球教学评价的实施做好准备。

（四）足球教学评价的实施

不同目的的足球教学评价有不同的实施方法，在足球教学中，主要包括学生各项技术、战术学习质量评价、足球教师教学质量评价等。

（五）足球教学评价结果与反馈

教学反馈是用教学活动的结果来调整未来的教学活动。足球教学反馈可包括以下几种。

1. 形成综合判断

结合评价中所产生的定量或定性的结构来形成相应的综合性意见，并做出是否达到应有标准的结论。如给学生某项练习与活动的评语和成绩，听某一老师的足球课后做出的结论等。对于那些比较正规的评价，还要制定相应的评价报告。

2. 分析诊断问题

进行综合判断并不是评价的目的，评价的目的是对教学进行优化和改进。这就要求首先要全面分析其中的问题，找出问题症结之所在，如评价学生足球基本技术的掌握程度，能够更好地使学生了解学习过程中的得失成败，能够有效地激励学生的学习动机，这是智慧、才能和创造力的交流，同时也是对今后学习进行改进的行之有效的措施。再如，分析教师的教学，提出合理化建议，通过进行自我评价来调整教案，针对原有教学计划找出不足之处，或者增加一些新的教学信息，或想到新的教学策略和教学方法等，对教案做出修改或记录，从而不断优化整个教学过程。

3. 收集资料

通过进行评价，能够发现一些优秀的或者具有代表性的学习范例，这便是成功教学的结果，同时也为以后足球教学提供了最好的直观教学资料。因为同龄人的想象、思维、技法表现水平等都是学生比较容易接受的，也最能够使学生的学习动机和学习兴趣得到激发。

二、足球运动课程教学评价方法的设计

国家制定的《体育与健康课程标准》和《体育课程教学指导纲要》是对大中小学体育教学进行指导的纲领性文件，也是一种宏观的指导，在对足球运动课程教学评价进行设计时要将这些文件作为依据加以遵循，要注意结合足球教学的特点，来对相应的评价内容和评价标准进行设计，如表 3-4、表 3-5、表 3-6、表 3-7、表 3-8 所示。

表 3-4 水平一 足球教学评价方法示例

目标	评价指标	优秀★ 86 ~ 100 分	良好■ 76 ~ 85 分	合格▲ 60 ~ 75 分	较差◇ 59 分以下
运动参与	足球运动的参与程度	上课出勤率95%以上、参加课内外足球运动的积极性很高	上课出勤率85%以上、参加课内外足球运动的积极性较高	上课出勤率75%以上、参加课内外足球运动积极性一般	上课出勤率60%以下、参加课内外足球运动的积极性较差
足球技能	学习足球知识	很好地说出足球运动的特点和动作的名称	较好地说出足球运动的特点和动作的名称	一般能够说出足球运动的特点和动作名称	不能很好说出足球运动的特点和动作名称
足球技能	掌握足球技能	30 秒双脚交替踩球，男 70 次、女 60 次	30 秒双脚交替踩球，男 60 ~ 69 次、女 50 ~ 59 次	30 秒双脚交替踩球，男 50 ~ 59 次、女 40 ~ 49 次	30 秒双脚交替踩球，男 50 次以下、女 40 次以下
	足球练习安全意识	很好地说出自己所了解的安全运动知识并在练习中自觉遵守	较好地说出自己所了解的安全运动知识并在练习中自觉遵守	基本能说出自己所了解的安全运动知识并在练习中自觉遵守	不能很好地说出自己所了解的安全运动知识并在练习中不能自觉遵守
身体健康	足球运动保健知识	很好地说出足球运动卫生要求，自己平时做得很好	较好地说出足球运动卫生要求，自己平时做得较好	基本能说出足球运动卫生要求，自己平时做得一般	不能很好地说出足球运动卫生要求，自己平时做得较差
	足球运动中良好的体型和身体姿态	学生能很好地区别正确与不正确的身体姿态的能力很强	学生能较好地区别正确与不正确的身体姿态的能力较强	学生能区别正确与不正确身体姿态的能力一般	学生能区别正确与不正确身体姿态的能力较差
	全面发展体能和健身能力	20 米运球跑，男 5 秒、女 6 秒	20 米运球跑，男 5.5 秒、女 7 秒	20 米运球跑，男 6 秒、女 8 秒	20 米运球跑，男 6.5 秒、女 9 秒
	提高适应自然环境的能力	经常在风、雨、雪天坚持参加足球运动	有时在风、雨、雪天坚持参加足球运动	偶尔在风、雨、雪天坚持参加足球运动	从不在风、雨、雪天参加足球运动
心理健康与社会适应	培养坚强的意志品质的能力	认真完成课堂上布置的足球练习项目	较认真完成课堂上布置的足球练习项目	基本认真完成课堂上布置的足球练习项目	不认真完成课堂上布置的足球练习项目
	学会调控情绪的方法	练习、比赛中很好地控制自己的情绪	练习、比赛中较好地控制自己的情绪	练习、比赛中控制自己的情绪一般	练习、比赛中不能很好地控制自己的情绪

续表

目标	评价指标	优秀★ 86 ~ 100 分	良好■ 76 ~ 85 分	合格▲ 60 ~ 75 分	较差◇ 59 分以下
心理健康与社会适应	形成合作意识与能力	练习、比赛很好地与队友配合	练习、比赛较好地与队友配合	练习、比赛与队友配合一般	练习、比赛与队友配合较差
	良好的体育道德	练习、比赛中很好地尊重队友、对手，守竞赛规则	练习、比赛中较好地尊重队友、对手，遵守竞赛规则	练习、比赛中基本能尊重队友、对手，遵守竞赛规则	练习、比赛中尊重队友、对手，遵守竞赛规则较差

表 3-5　水平二 足球教学评价方法示例

目标	评价指标	优秀★ 86 ~ 100 分	良好■ 76 ~ 85 分	合格▲ 60 ~ 75 分	较差◇ 59 分以下
运动参与	足球运动的参与程度	学生初次学习足球时的积极性很高	学生初次学习足球时的积极性较高	学生初次学习足球时的积极性一般	学生初次学习足球时的积极性较差
足球技能	学习足球知识	很好地说出自己所知道的重要赛事、著名足球俱乐部等	较好地说出自己所知道的重要赛事、著名足球俱乐部等	基本能够说出自己所知道的重要赛事、著名足球俱乐部等	不能说出自己所知道的重要赛事、著名足球俱乐部等
	掌握足球技能	正脚背交替颠球，男 10 次、女 8 次	正脚背交替颠球，男 8 次、女 6 次	正脚背交替颠球，男 6 次、女 4 次	正脚背交替颠球，男 5 次、女 3 次
	足球练习安全意识	练习、比赛中很好地掌握自我保护和相互保护的知识	练习、比赛中较好地掌握自我保护和相互保护的知识	练习、比赛中基本能掌握自我保护和相互保护的知识	练习、比赛中不能很好地掌握自我保护和相互保护的知识
身体健康	足球运动中良好的体型和身体姿态	能很好地说出造成不良体形和不正确身体姿势的原因	能较好地说出造成不良体形和不正确身体姿势的原因	基本能说出造成不良体形和不正确身体姿势的原因	不能说出造成不良体形和不正确身体姿势的原因
	提高适应自然环境的能力	能很好地坚持在不同季节参加足球运动	能较好地坚持在不同季节参加足球运动	基本能坚持在不同季节参加足球运动	不能坚持在不同季节参加足球运动

续表

目标	评价指标	优秀★ 86 ~ 100 分	良好■ 76 ~ 85 分	合格▲ 60 ~ 75 分	较差◇ 59 分以下
身体健康	培养坚强的意志品质的能力	非常努力完成有一定困难的技术练习	较努力完成有一定困难的技术练习	基本努力完成有一定困难的技术练习	不努力完成有一定困难的技术练习
心理健康与社会适应	调控情绪的能力	练习、比赛中情绪积极、稳定、高昂	练习、比赛中情绪较积极、稳定、高昂	练习、比赛中情绪一般	练习、比赛中情绪较差
	形成合作意识与能力	练习、比赛中经常为同伴补位	练习、比赛中有时为同伴补位	练习、比赛中偶尔为同伴补位	练习、比赛中从不为同伴补位
	良好的体育道德	练习、比赛中很好地尊重队友、对手，遵守竞赛规则	练习、比赛中较好地尊重队友、对手，遵守竞赛规则	练习、比赛中基本能尊重队友、对手，遵守竞赛规则	练习、比赛中尊重队友、对手，遵守竞赛规则较差

表 3-6　水平三 足球教学评价方法示例

目标	评价指标	优秀★ 86 ~ 100 分	良好■ 76 ~ 85 分	合格▲ 60 ~ 75 分	较差◇ 59 分以下
运动参与	足球运动的参与程度	经常主动参加足球运动，在练习、比赛中寻找成功感和乐趣	有时主动参加足球运动，在练习、比赛中寻找成功感和乐趣	偶尔主动参加足球运动，在练习、比赛中寻找成功感和乐趣	从不主动参加足球运动，在练习、比赛中寻找成功感和乐趣
足球技能	学习足球知识	能很好地说出足球技术的分类	能较好地说出足球技术的分类	基本能说出足球技术的分类	不能说出足球技术的分类
	掌握足球技能	20 米运球绕杆计时：男 10.5 秒、女 11.5 秒	20 米运球绕杆计时：男 11 秒、女 12 秒	20 米运球绕杆计时：男 11.5 秒、女 12 秒	20 米运球绕杆计时：男 12 秒、女 12.5 秒
	足球运动安全意识	很好地了解足球运动损伤的预防与简易处理方法	较好地了解足球运动损伤的预防与简易处理方法	基本了解足球运动损伤的预防与简易处理方法	不了解足球运动损伤的预防与简易处理方法
	足球运动保健知识	日常生活中具有良好的卫生保健的行为	日常生活中具有较好的卫生保健的行为	日常生活中基本具有好的卫生保健行为	日常生活中卫生保健行为较差

续表

目标	评价指标	优秀★ 86 ~ 100分	良好■ 76 ~ 85分	合格▲ 60 ~ 75分	较差◇ 59分以下
身体健康	足球运动中良好的举止和身体姿态	在足球训练、比赛中具有很好的行为、举止	在足球训练、比赛中具有较好的行为、举止	在足球训练、比赛中具有好的行为、举止	在足球训练、比赛中行为、举止较差
	全面发展体能和健身能力	"Z"字形运球绕杆：男12.3秒、女13.2秒	"Z"字形运球绕杆：男12.5秒、女13.2秒	"Z"字形运球绕杆：男12.7秒、女13.5秒	"Z"字形运球绕杆：男13秒、女13.7秒
	提高适应自然环境的能力	能很好地坚持在不同季节参加足球运动	能较好地坚持在不同季节参加足球运动	基本能坚持在不同季节参加足球运动	不能坚持在不同季节参加足球运动
心理健康与社会适应	培养坚强的意志品质的能力	练习、比赛落后时非常努力地完成后面的练习与比赛	练习、比赛落后时较努力地完成后面的练习与比赛	练习、比赛落后时基本努力地完成后面的练习与比赛	练习、比赛落后时不能努力地完成后面的练习与比赛
	调控情绪的能力	练习、比赛落后时情绪积极、稳定、高昂	练习、比赛落后时情绪比较积极、稳定、高昂	练习、比赛落后时情绪基本积极、稳定、高昂	练习、比赛落后时情绪不能积极、稳定、高昂
	形成合作意识与能力	练习、比赛中在自己的位置上尽职、尽责	练习、比赛中在自己的位置上较尽职、尽责	练习、比赛中在自己位置上基本尽职、尽责	练习、比赛中在自己位置上不能尽职、尽责
	良好的体育道德	练习、比赛中很好地尊重队友、对手、尊重裁判遵守竞赛规则	练习、比赛中较好地尊重队友、对手、尊重裁判遵守竞赛规则	练习、比赛中基本能尊重队友、对手、尊重裁判遵守竞赛规则	练习、比赛中尊重队友、对手、尊重裁判遵守竞赛规则较差

表 3-7　水平四 足球教学评价方法示例

目标	评价指标	优秀★ 86 ~ 100 分	良好■ 76 ~ 85 分	合格▲ 60 ~ 75 分	较差◇ 59 分以下
运动参与	足球运动的参与程度	有系统的练习方案	有较系统的练习方案	没有系统的练习方案	无系统的练习方案
足球技能	学习足球知识	能很好地写出足球运动起源与发展的小文章	能较好地写出足球运动起源与发展的小文章	基本能写出足球运动起源与发展的小文章	不能写出足球运动起源与发展的小文章
	掌握足球技能	脚背内侧 16.5 米定位球射门：男 8 分、女 7 分	脚背内侧 16.5 米定位球射门：男 6 分、女 5 分	脚背内侧 16.5 米定位球射门：男 5 分、女 6 分	脚背内侧 16.5 米定位球射门：男 4 分、女 5 分
	足球运动安全意识	能很好地了解足球运动中自我保护和损伤的紧急处理方法	能较好地了解足球运动中自我保护和损伤的紧急处理方法	基本了解足球运动中自我保护和损伤的紧急处理方法	不了解足球运动中自我保护和损伤的紧急处理方法
身体健康	足球运动保健知识	能很好地遵守合理饮食和作息时间	能较好地遵守合理饮食和作息时间	遵守合理饮食和作息时间一般	遵守合理饮食和作息时间较差
	全面发展体能和健身能力	20 米运球绕杆射门：男 8 秒、女 9.2 秒	20 米运球绕杆射门：男 8.5 秒、女 9.7 秒	20 米运球绕杆射门：男 9.3 秒、女 9.7 秒	20 米运球绕杆射门：男 9.8 秒、女 10.2 秒
	提高适应自然环境的能力	能很好地坚持在不同季节参加足球运动	能较好地坚持在不同季节参加足球运动	基本能坚持在不同季节参加足球运动	不能坚持在不同季节参加足球运动
心理健康与社会适应	培养坚强的意志品质的能力	练习、比赛落后时能果断做出决策，扭转不利局面	练习、比赛落后时能较好地做出决策，扭转不利局面	练习、比赛落后时基本能做出决策，扭转不利局面	练习、比赛落后时不能做出决策，扭转不利局面
	调控情绪的能力	练习、比赛失利后情绪平和、稳定	练习、比赛失利后情绪较平和、稳定	练习、比赛失利后情绪基本平和、稳定	练习、比赛失利后情绪不能平和、稳定
	形成合作意识与能力	比赛中经常为同伴创造良好的进攻时机	比赛中有时为同伴创造良好的进攻时机	比赛中偶尔为同伴创造良好的进攻时机	比赛中很少为同伴创造良好的进攻时机

续表

目标	评价指标	优秀★ 86 ~ 100 分	良好■ 76 ~ 85 分	合格▲ 60 ~ 75 分	较差◇ 59 分以下
心理健康与社会适应	良好的体育道德	练习、比赛中很好地尊重队友、对手、尊重裁判、遵守竞赛规则	练习、比赛中较好地尊重队友、对手、尊重裁判、遵守竞赛规则	练习、比赛中基本能尊重队友、对手、尊重裁判、遵守竞赛规则	练习、比赛中尊重队友、对手、尊重裁判、遵守竞赛规则较差

表 3-8　水平五 足球教学评价方法示例

目标	课程标准规定	优秀★ 86 ~ 100 分	良好■ 76 ~ 85 分	合格▲ 60 ~ 75 分	较差◇ 59 分以下
运动参与	足球运动的参与程度	有规律、有计划地参加足球运动，并了解练习效果	较有规律、有计划地参加足球运动，并了解练习效果	基本有规律、有计划地参加足球运动，并了解练习效果	无规律、无计划地参加足球运动，不了解练习效果
足球技能	学习足球知识	能很好地理解足球运动与一般健身运动的区别	能较好地理解足球运动与一般健身运动的区别	基本能理解足球运动与一般健身运动的区别	不能理解足球运动与一般健身运动的区别
	掌握足球技能	头部连续颠球：男 5 个、女 4 个	头部连续颠球：男 4 个、女 3 个	头部连续颠球：男 3 个、女 2 个	头部连续颠球：男 2 个、女 1 个
	足球运动安全意识	能很好地掌握足球运动中自我保护和损伤的紧急处理方法	能较好地掌握足球运动中自我保护和损伤的紧急处理方法	基本能掌握足球运动中自我保护和损伤的紧急处理方法	不能掌握足球运动中自我保护和损伤的紧急处理方法
身体健康	足球运动保健知识	有很好地预防疾病意识和能力	有较好地预防疾病意识和能力	预防疾病意识和能力一般	预防疾病意识和能力较差
	全面发展体能	5 对 5 比赛：运用技术熟练，整体意识强，体力充沛	5 对 5 比赛：运用技术比较熟练，整体意识较强，体力充沛	5 对 5 比赛：运用技术，整体意识一般，体力充沛	5 对 5 比赛：运用技术，整体意识较差，体力一般
	提高适应自然环境的能力	学会避免在不利于身体健康的环境中进行足球运动	能较好地学会避免在不利于身体健康的环境中进行足球运动	基本学会避免在不利于身体健康的环境中进行足球运动	不懂得避免在不利于身体健康的环境中进行足球运动

续表

目标	课程标准规定	优秀★ 86 ~ 100 分	良好■ 76 ~ 85 分	合格▲ 60 ~ 75 分	较差◇ 59 分以下
心理健康与社会适应	培养积极的自我价值感	在足球运动中很好地获得成功感并迁移到日常学习和生活中	在足球运动中能较好地获得成功感并迁移到日常学习和生活中	在足球运动中基本能获得成功感并迁移到日常学习和生活中	在足球运动中不能获得成功感而且不能迁移到日常学习和生活中
	调控情绪的能力	足球运动中情绪调控方法能很好地运用到日常学习和生活中	足球运动中情绪调控方法能较好地运用到日常学习和生活中	足球运动中情绪调控方法基本能运用到日常学习和生活中	足球运动中情绪调控方法不能运用到日常学习和生活中
	形成坚强的意志品质	将足球运动中培养的坚强意志品质很好地迁移到日常学习和生活中	将足球运动中培养的坚强意志品质较好地迁移到日常学习和生活中	基本能将足球运动中培养的坚强意志品质迁移到日常学习和生活中	将足球运动中培养的坚强意志品质迁移到日常学习和生活中较差
	形成合作意识与能力	通过足球运动提高人际交往技能,具有和谐的人际关系	通过足球运动能较好地提高人际交往的技能和谐的人际关系	通过足球运动所获得的人际交往技能一般,具有一定的人际关系	通过足球运动不能提高人际交往技能,人际关系较差
	良好的体育道德	练习、比赛中很好地尊重队友、对手、尊重裁判、遵守竞赛规则	练习、比赛中较好地尊重队友、对手、尊重裁判、遵守竞赛规则	练习、比赛中基本能尊重队友、对手、尊重裁判、遵守竞赛规则	练习、比赛中尊重队友、对手、尊重裁判、遵守竞赛规则较差

第四章 大中小学足球运动课程教学设计研究

足球运动课程教学设计在学校足球课程中具有非常重要的作用和意义。足球运动课程教学设计能够使足球运动课程教学的顺利进行得到有力的保证。由于不同阶段学生的生理和心理特点不同，其对足球运动的掌握情况也存在着较大的差异性，因此，这就要求针对不同阶段的学生进行相应的足球运动课程教学设计。本章的主要内容就是分别对小学、中学和大学各个阶段的足球运动课程教学设计进行分析和研究。

第一节 小学阶段足球运动课程教学设计

一、小学足球教学目标的设置与教学内容的选择

（一）小学生身心发展特征

小学阶段，学生的身心发展特征会存在着较大的差别，一般地，可以将小学阶段学生的身心发展特征分为三个部分。

1. 小学一、二年级（水平一）学生的身心发展特征

（1）身体特征

具体来说，这一阶段的小学生的身体特征主要表现在以下几个方面。

首先,这一阶段的小学生骨骼容易发生变形,只有较小的肌肉力量,对过重的东西不能够承担,体育运动以小强度为主,频繁的跳跃动作也不适合。

其次,心脏功能并没有得到完善的发育,肺活量较小,不能持续过久的时间来进行体育活动。

最后,在神经系统方面,这一阶段的学生的兴奋与抑制呈现出不均衡的特质,兴奋多于抑制,这样其就容易做出不协调与精确度较低的动作,而且大多数动作也是不正确或者是多余的。除此之外,还需要强调的是,这一阶段的学生也容易产生疲劳感,但同样的,疲劳消除的速度也比较快。

(2)心理特征

这一阶段的小学生心理特征主要表现在以下几个方面。

第一,喜欢模仿他人。

第二,对自己的老师绝对信任并过分依赖。

第三,注意力不易集中。

第四,有广泛的兴趣,但难以坚持。

第五,自控能力比较缺乏。

第六,喜欢在游戏中表现自己,高估自己的能力。

第七,时常感情用事,情绪不稳定。

2. 小学三、四年级(水平二)学生的身心发展特征

(1)身体特征

这一阶段的小学生的身体特征主要表现在以下两个方面。

首先,心脏、肌肉与骨骼的发展比较平稳,但发展水平仍然较低。

其次,神经系统方面,与之前相比注意力较为集中,语言能力也有所提升,但对复杂的情况难以准确表述自己的见解。

(2)心理特征

这一阶段的小学生的心理特征主要表现在以下两个方面。

首先,对教师的信任不再绝对,而且比较教师是否平等对待每个学生。

其次，对教师的提出的规定与要求不再无条件服从。

3. 小学五、六年级（水平三）学生的身心发展特征

（1）身体特征

这一阶段的小学生的身体特征主要表现在以下几个方面。

首先，身高与体重方面的增长较为明显，骨骼与肌肉的力量也有所增强。

其次，心血管系统功能增强，对一定的运动量和较高的负荷也可以承担。

最后，神经系统方面，兴奋与抑制较为均衡。

（2）心理特征

这一阶段的小学生的心理特征主要表现在以下几个方面。

第一，有明确的学习动机，对学习中的困难能主动克服。

第二，能够认识自己的不足，但因为自尊心而不敢承认。如果在某些方面不及他人，就会在其他方面弥补。

第三，有较强的自我意识，在活动中渴望得到肯定，对不公平对待会产生不满。对教师有较高的要求与期望。

第四，对自己的能力依旧不能做出正确的估计，喜欢逞能，尤其是男生。

第五，男女生的兴趣出现明显的分化，男生喜欢竞赛性的游戏；女生喜欢动作优美的活动。

（二）小学足球教学目标的设置

设置小学足球教学目标，是需要在一定的依据基础上进行的，具体来说，主要是指课程标准中学习目标的总体要求，除此之外，也要对小学足球教学的实际进行全方位的考虑，以不同年龄阶段学生的身心特点为依据，来将小学不同阶段相适应的目标设置出来。不同阶段的目标并不是分散的，而且要有一定的衔接关系，要按照递进的原则进行设置，将培养兴趣—了解规律—掌握技战术—主动参与的发展特点体现出来。

（三）小学足球教学内容的选择

在选择和安排小学足球教学内容时，一定要对其实用性与可接受性加以考量，究其原因，这主要是由小学生身心发展的特征决定的。足球运动有着丰富多彩的技战术内容，而且有难有易。对于过难的专业性过高的教学内容，教师要进行专门改造，认真筛选，确保小学生能够经过系统的学习对所选的教学内容熟练掌握。

针对小学生，所选择的足球教学内容应该包括以下几个方面。

（1）柔韧性、灵活性及协调性训练。

（2）拖球、拉球、拨球，不同脚法的运球，各种运球转身，身体不同部位的颠球。

（3）多种脚法传、接地滚球（短距离）。

（4）不同方向的顶球。

（5）不同脚法的射门。

（6）与足球技术相结合的游戏。

（7）4 人制与 5 人制比赛。

按照小学足球教学的特点与要求，可以将这几个方面的内容按照一定的顺序与逻辑关系安排到三个不同的水平阶段。

二、小学足球教学计划的制定

教学计划可以分为很多种，这里主要对小学足球水平教学计划和单元教学计划的制定加以分析和研究。

（一）小学足球水平教学计划的制定

1. 水平教学计划制定的要求

在制定小学足球水平教学计划时，需要严格做到以下几个方面的要求。

（1）教学内容要有层次性

在水平教学计划的制定过程中，对教学时数进行安排时，要保证重点教学内容有足够的学时，允许每个学期循环重复安排重点教学内容的现象出现。对于一般的足球教学内容，安排时数时视具体情况而定。对于介绍性的教学内容，可以在教学单元中穿插安排，总之足球教学内容的安排要遵循层次性要求，做到循序渐进。

（2）教学内容要具有整体性

水平教学目标与教学内容确定后，应该在每个学期都分配所有的教学内容。换言之，4 个学期中都要合理安排一个水平段的教学内容，以完整地体现相应水平段的所有教学内容。

（3）要具有较强的可操作性

在制定水平教学计划时，要对学校的实际情况（场地器材、师资力量、足球氛围灯）与学生的个性特征（兴趣、身心特点、体育能力等）进行充分考虑，在此基础上对教学内容做出合理的选择，注意所选内容的关联性与递进性，使水平教学计划能够有效地实施。

2. 足球水平教学计划案例

由于不同水平的小学生的足球教学计划是不同的，下面就以水平一需求教学计划制定的案例来进行介绍，具体见表 4-1。

表 4-1　水平一（一、二年级）足球教学学时数

教学内容	一年级		二年级		合计
	第一学期	第二学期	第三学期	第四学期	
运、控球	10	8	7	7	32
传、接球	2	2	2	2	8
头顶球	—	—	1	1	2
射门	—	—	2	2	4
专项素质	2	2	2	2	8
游戏	2	3	2	2	9
比赛	2	3	2	2	9
合计	18	18	18	18	72

（二）小学足球单元教学计划的制定

1. 足球单元教学计划制定的基本要求

课是组成单元的基本单位，也就是说，课是单元的下位概念，一个教学单元是由多个教学课组成的，这些教学课之间，在教学内容上有密切的联系。在制定小学足球单元教学计划时，也需要做到相应的要求，具体来说，需要对教学主题进行明确的设定，这离不开水平教学计划的统领。教学主题设定之后，以这个主题为中心，对相应的教学内容进行设置。每次教学课之间，要将教学内容的关联性、延续性以及递进性凸显出来。

2. 足球单元教学设计案例

这里主要以水平二（四年级）足球单元教学设计为例，对具体的设计案例加以分析。

（1）指导思想

通过学习足球的射门技术，来切身体验射门的乐趣，对学生灵敏、反应、协调等素质的发展及足球技能的提高起到积极的促进作用，同时，也对学生积极参与足球运动的兴趣与爱好进行培养，并引导学生团结协作意识的树立。除此之外，还要将对学生学习兴趣的激发重视起来，使学生能够高效率地自主学习，提高学习效果。

（2）教学目标

水平二小学生足球单元教学目标主要有以下几个方面。

①运动参与：能够自觉参加足球练习与游戏活动，对学生的足球学习兴趣加以激发。

② 运动技能：通过小足球射门练习与足球游戏的开展，使学生对运球和射门技术加以掌握，促进其射门能力的提高。

③ 身体健康：促进学生反应、灵敏、协调等身体素质以及跑跳等基本运动能力的提高。

④心理健康与社会适应：促进学生个性充分发展，使学生能够对足球射门的乐趣进行体验，对学生的团结协作意识进行培养。

（3）对学情加以分析

作为体育运动的重要组成部分，足球运动受到小学生的广泛欢迎与喜爱。在对学情进行分析时，要与学校的具体实际有机结合起来进行，如学校处于城郊结合部，学生来源于不同的地方，外来人口子女较多，而且这部分学生的家庭收入不稳定，生活质量较低，因此基本上无法在课余时间参与足球活动，只能够抓住课堂时间练习足球，使自己的体育需求与学习需求得到满足，并从中感受足球带来的乐趣。所以在足球课堂教学上，要让学生尽量多地参与练习，促进其技术能力的提高；在课余时间，教师可以有针对性地辅导对足球有兴趣的学生，使他们的足球知识得到补充，从而对其足球技能的进一步提高起到积极的促进作用。

（4）对教材加以分析

足球运动中包含着非常丰富的技术动作，这些都会使人感到兴奋，尤其是射门的一刹那，学生会感到无限的激情与满足。通过引导学生进行足球射门练习，组织学生参与足球射门游戏活动，使学生对脚内侧射门技术加以掌握，并能够在游戏与比赛实践中对这一技术加以运用。让学生参与足球练习与游戏活动，对学生各方面身体素质与体育能力的提高与发展，以及学生竞争与合作意识的增强起到积极的促进作用，从而使学生的身心健康与社会适应能力的提高得到有力的保证。

（5）熟练掌握射门动作要领

射门是足球得分的主要途径和手段，具体来说，小学生应该掌握的射门动作要领主要有以下几个方面。

① 立得要稳：要将支撑脚置于准确的位置，支撑脚的姿势要稳定，自然张开两臂，使身体保持平衡。

② 看得要准：对来球的方向、力量和速度进行判断，对防守球员的位置进行观察，并对射门角度进行良好的选择。

③起脚要快：射门动作要迅速果断。

④下脚要狠：脚触球的刹那要保持脚腕紧张，使用适当的力量。

⑤向前跟进：射门动作完成后要随球的方向上步，在球未进球门时争取能够补射。

（6）场地器材

对于小学生来说，其所进行的足球运动往往是7人制的。其教学所需要的场地器材主要有：一个7人制足球场，两副小球门，小足球、标志桶等。

（7）教学思路

对于小学足球单元教学计划来说，其应该遵循的教学思路应该有以下几个方面。

①对运球绕杆、分组抢截球等练习进行复习，促进学生球感的增强。

②对脚内侧传，接球技术进行复习，促进学生脚内侧传球技术的提高。

③引导学生对脚内侧射门技术加以学习，与射门游戏结合进行，促进学生参与足球活动兴趣的提高。

④对学生进行分组比赛，在实践比赛中运用脚内侧射门技术。

⑤通过练习与各种形式的活动使学生感受足球运动带来的了乐趣与享受。

三、小学足球教案的设计

教案，在小学足球运动课程教学中具有非常重要的作用和意义，因此，对小学足球教案进行设计就显得尤为重要。

（一）教案设计的要求

教案也就是课时教学计划，具体来说，就是以一个课时为单位来设计和安排的教学计划。设计教案的过程中，要以单元教学计划为依据，而且要对学生的具体情况加以考虑，在此基础上对教学内容及策略进行合理的选择，以提高教案的可操作性。教案在教学文件中属于最具体的一种，教师在每次教学课中都会直接以此为参考。

一般情况下，用于教案设计的形式主要有三种，即文字式、表格式和流程图式。但不管采用哪种形式来设计教案，通常都要将教学目标、教学内容、教学方法与步骤、运动负荷的控制、时间的分配、教学组织和教学总结与反思等内容记录在内。

这就要求教师在设计教案时，首先，要提前对学生的实际情况加以了解并掌握，而且要将根据教学内容提出的教学目标与任务搞清楚。不能将课时教学目标制定得过高，也不能制定得过低，关键是要与学生的实际能力相符，从而使大部分学生能够通过科学系统的学习完成学习目标与任务得到有力的保证。

（二）教案设计案例分析

这里主要以水平三（五年级）足球课时教学计划为例来加以分析。

教学目标：学生以饱满的热情与高昂的情绪参与足球练习与游戏活动；学生对脚背正面运球接脚背正面射门的技术动作能够基本掌握；学生感受合作带来的收益与助人为乐带来的愉悦，并能够将这些体验描述出来。

教学内容：脚背正面运球接脚背正面射门。

教学重点：脚背正面击球（后中部）并射门。

教学难点：运球最后一步支撑脚跨步的准确性。

场地器材：8 个小足球门，40 只小足球，一台录音机。

课后小结与教学反思：略。

第二节　中学阶段足球运动课程教学设计

一、中学足球教学目标的设置与教学内容的选择

（一）中学生身心体发展特征

1. 身体特征

中学生的身体特征主要表现在身体形态和身体机能两个方面。

（1）身体形态方面

在中学阶段，学生身体发育呈现出阶段性与波浪式的变化，而且不同年龄与性别的学生之间身体形态的差异比较明显。

（2）身体机能方面

学生在初中时期，神经抑制过程发展较快，从而拥有较强的抽象思维能力，较高的分析综合能力。高中阶段的学生在神经系统方面已经发育完整，几乎拥有与成人相似的大脑结构和机能，兴奋与抑制过程之间的关系基本上能够保持平衡，其主要调节作用的信号系统为第二信号系统。此外，高中生的肌肉力量、呼吸系统机能也都得到了较好的发展。

2. 中学生心理特征

中学生的心理特征主要在认知、情感和意志这几个方面得到体现。

（1）认知方面

中学生认知方面的特征主要有以下几个方面。

首先，感知能力方面。这一阶段的学生感知能力较强，对事物可以较为全面地感知，随着年龄的增加与运动实践经验的增长，中学生的运动知觉也会有所提高。

其次，注意力集中方面。中学生的注意力较为集中，而且也

比较稳定，注意力能够集中在更大的范围中，学生对自己的注意力能够较好地调节和控制，这有利于学生对足球知识与技能的系统掌握，然而一定程度上中学生的兴趣与爱好会支配其注意力，因此在足球教学中要想更好地调控中学生的注意力，还需要采用丰富的教学方法。

最后，思维能力方面。在初中阶段，学生的抽象思维占有相对的主导地位，同时思维上也较为明显地表现出了独立性和批判性的特征，然而初中生的抽象思维还属于经验型的思维。高中阶段，学生的思维明显地呈现出抽象概括性的特征，思维的独立性和批判性特征也较初中阶段更加明显，同时高中生也逐渐拥有了辩证思维，此时占主导地位的是理论思辨，理论思辨能力能够使高中生对事物或现象之间的复杂因果关系做出较为准确的解释，并且能够进行论证。

（2）情感方面

中学生有着较为强烈的情感，往往较为冲动，尽管情感丰富但其稳定性较为欠缺，情感上表现出间接性的特征。此外，中学生情感的发生具有心境性特点，中学阶段学生的情操正在逐渐形成。

（3）意志方面

人们通过对困难的自觉克服来将预定目的与任务实现的心理过程就是所谓的意志。初中生有着旺盛的精力，对自己的估计容易脱离实际，高估自己，体育与认识水平的发展不匹配，因此，很难达成预期的目的与任务。

（二）中学足球教学目标的设置

在设置中学足球教学目标时，为了保证目标的科学性、合理性，不仅要遵循一定的要求，还要求将教学目标准确、明确、显性地表述出来。

1. 教学目标设置的要求

教学目标在体育教学中会起到重要的导向作用，这一导向作用在教学活动的设计、实施和评价等方面都有所体现。除此之外，教学目标还具有调控与评价教学活动的意义与价值。单元教学计划和课时教学计划中通常都会设置教学目标，然后依据这一目标去对教学活动的开展进行指导，并通过教学活动将教学目标落实。所以，设置教学目标的过程中，要对可观察性与可操作性加以充分的考虑，对教学目标的表述能够反映出教学目标的设置是否符合要求，要具有可操作性。从某种意义上来说，教师对课程的理解以及教师的教学计划制定与设计水平能够通过教学目标的设置体现出来。

2. 教学目标的表述

在设置好教学目标之后，还要将其表述出来，而在表述过程中，需要满足以下几个方面的要求，这样，才能够使学生对教学目标有更加准确的了解和认识。

（1）要准确表述与运动相关的专业术语

例如，不能用“脚弓停球”来对“脚内侧接球”这一教学内容进行表述；也不能用“脚弓踢球”来表述“脚内侧踢球”等。

（2）教学目标的表述要有一定的显性特征

教学目标的表述要做到具体化，也要注意其要具有可观察性，这主要是为了促使教学目标能够顺利实现。需要注意的是，有关情感、意志、行为等方面的教学目标，教师要采用可测试与可观察的行为表征来体现。例如，在对教学比赛这一教学内容的教学目标进行设置时，可以这样表述教学目标“要求大部分学生能够将同伴的顽强表现指出来，并能够将同伴的粗野动作表现指出来”。

（3）要明确表述出结果性教学目标

“身体健康”与“运动技能”学习领域通常会采用结果性的教学目标。对这一类教学目标的表述，需要采用行为动词，但要注意选用的动词要明确，可测量，可评价。例如，“对足球运动的基本理论及运动技能加以掌握，清楚自己能够从足球运动中感受快乐与实现自我价值”；“在足球比赛中掌握保护自己的方法”。

（4）通过体验性与过程性的行为动词的运用来表述出体验性教学目标

“心理健康”“运动参与”及“社会适应”教学领域通常会采用体验性的教学目标。对这一类教学目标的表述要注意采用体验性、过程性的行为动词。例如，“积极乐观地参与足球练习与游戏活动”“在足球活动与游戏的参与及学习过程中努力获得成功感”。

（三）中学足球教学内容的选择

在设置好课程目标之后，就需要以此为依据，来选择合适的教学内容，同时，还要借助于一定的教学方法，从而使教学目标得以顺利实现。在《课程标准》中只是对这两方面提出了一个大概的范围，因此教师必须依靠自己的努力来对《课程标准》的精神加以学习与领会。教师要对不同学习领域的各个水平目标加以全面的理解，并通过切实的行动使水平目标的教学要求得以实现，教师也要对学生的实际情况加以考虑，对足球单元教学内容的选择要以学生为中心，从而使学生发展的目标得以顺利实现。实际而言，选择教学内容就是对足球教材中的全部知识与技能进行分析判断，并将合适的精华的部分挑选出来的过程，但这一过程的实施是以教学目标为根据的。

具体来说，在选择中学足球教学内容时，需要做到以下几个方面的要求。

第一，教师要以总的课程目标为依据从价值方面来对足球的知识与技战术加以判断，在对足球的这些知识与技能能够为学生的发展带来怎样的好处与意义进行分析的同时，还要对足球的这些内容知识是否有利于促进各学习领域目标的实现加以分析。

第二，要对学校的实际情况进行分析，以此来对实施这些素材的教学的可行性加以分析和判断，通过对学生身心特征的分析来对学生对这些教学内容的价值的接受度进行分析和判断，对这些教学内容的难度与学生的学习能力的相符程度进行分析和判断。此外，教师还要判断学校现有的资源条件是否能够使这些内容的教学实践得到顺利开展。

第三，尽管教师在选择足球教学内容时，都是以学生为中心的，但是同时，教师也不能将对教材自身连贯性与系统性的考虑忽略掉。义务教育阶段的学生应该具备基本体育文化素养，这就要求学生要对足球运动的知识与技能进行全面的学习和系统的理解。所以，在不同的水平段选择足球教学内容时，不仅要在各个教学单元将教学重点凸现出来，使不同单元的技能学习目标相对独立，又要将不同水平阶段教学内容之间的关系处理好，促进教学要求的逐步提高，促进全面学习目的的实现。

二、中学足球教学计划的制定

（一）中学足球水平教学计划的制定

在体育课程改革中，以学生身心发展规律和认知特点为依据，可以将学生足球水平分为六个学段，即六个水平。

1. 水平教学计划制定的步骤

中学足球水平教学计划的制定步骤主要有两个方面，具体如下。

（1）将目标进行分解

首先要进一步地整理《课程标准》中设置的教学目标和教学内容，然后将足球教学目标按照平行与递进的关系，遵循从简到繁、从易到难的原则进行分解，最后对最能够促进某一目标实现的教学内容进行选择，并展开实践教学。

（2）将单元合理组合起来

以地方、学校的特点为依据对能够促进教学目标实现的内容进行选择，然后做进一步的安排，最终以单元的形式将教学内容呈现出来。

2. 水平教学计划案例

水平四足球教学计划案例见表4-2。

表4-2　水平四 足球教学计划

目标领域	第一学年	第二学年		第三学年
	第2学期	第1学期	第2学期	第1学期
运动参与	▲通过足球运动与练习参与体育锻炼，对足球兴趣和爱好进行培养 ▲教法上采用讲解与示范、启发与激励等，激发学习兴趣；学法上采用观察与模仿、自主体验、交流与评比等方式	▲要求制定个人足球学习和锻炼的计划并按计划进行锻炼 ▲教法上采用讲解与示范、引导与交流等，提高学习的自主性；学法上采用相互指导与评价、探究与讨论、游戏体验等方式	▲对教学效果进行评价，前期学习后对自己的身体状况及其变化进行描述 ▲教法上采用直观图片展示、评价与激励等，加深学生对足球运动的理解；学法上采用自主体验、展示与交流、游戏巩固等方式	▲对已形成足球学习和锻炼的习惯加以保持，对参与足球和参与其他身体练习的异同加以对比；有规律地进行足球锻炼 ▲教法上采用组织竞赛、启发与激励等，加深学生对足球运动意义的认识；学法上采用自主体验、合作学习、拓展性比赛等方式
运动技能	▲了解足球运动的基本知识进行了解，对简单的技术动作和战术配合能够顺利完成 ▲主要学习技能：脚内侧踢、接地滚球；脚背外侧运球等。包括熟悉球性：颠球、拖球、扣球等	▲促进基本技术的丰富和完善，在实践中展示已有的知识技能 ▲主要学习技能：正脚背踢球、脚内侧踢球、脚背内侧踢球等	▲在巩固技术的基础上，加强简单战术的配合，评价自己和同伴技战术完成质量的优劣情况，并能够提出一定的见解 ▲主要学习技能：脚背外侧踢球、胸部接空中球、掷界外球以及运、踢、接综合练习	▲简单评论某些重大比赛；促进个性化的学习需求是发展，采取丰富的学练手段和方法；促进比赛能力的发展 ▲主要学习技能：头顶球技术以及简单的战术配合，在教学比赛中对已掌握的技、战术加以巩固

续表

目标领域	第一学年	第二学年		第三学年
	第2学期	第1学期	第2学期	第1学期
身体健康	▲通过足球运动及其他身体练习促进心肺功能、有氧耐力、短时耐力的发展 ▲通过结合足球的身体协调性游戏、快速移动练习等,促进身体素质的发展	▲在参与足球运动的同时促进力量、速度等身体素质和能力的发展,注意长时耐力的发展 ▲加强足球专项力量、耐力与灵敏性的练习等	▲对错误动作、粗野动作逐步甄别,促进良好比赛习惯的养成,对自己及对手的身体健康与安全加以关注 ▲在实践比赛中促进身体素质与运动能力的发展,学习相关的健康知识	▲对足球运动中常见运动损伤及处理方法加以了解,对应急救治方法加以掌握 ▲通过足球运动发展运动能力的同时对基本的健康知识加以掌握
心理健康	▲清楚不良情绪会危害健康;对自己的情绪变化特征加以了解 ▲在足球活动中感受顽强与自信,学会通过运动对情绪状态加以调节	▲了解产生心理障碍的原因;清楚体育运动如何预防和消除心理障碍;对消除心理障碍的意识和能力加以培养 ▲增强足球技能的同时体验成就感,重视心理障碍的克服	▲对心理变化正确对待与处理,培养坚强的意志品质并带进足球学习和日常生活中 ▲在足球技能学习与游戏活动中获得体验愉悦感	▲提高自主学习和探究能力;对足球学习中成功和失败的原因进行分析,在不断进步中培养自尊和自信心 ▲积极学习的过程中感受自主与合作、自信与进取
社会适应	▲尊重他人对体育活动的需要和爱好,培养团结协作的意识 ▲教法上营造合作学习的良好课堂氛围	▲对团队作战的概念进行简单了解,对体育活动中的人际关系用心去理解、处理 ▲在群体活动中积极指导良好的交往行为	▲将自身良好的体育道德表现出来,在活动中友善对待他人 ▲通过游戏、比赛对积极的人际交往方式加以体验	▲遵守运动与比赛规则,服从裁判;与同伴分担比赛的责任 ▲正确判断与评价在比赛中的各种交往行为

（二）中学足球单元教学计划的制定

1. 单元教学计划制定的步骤

（1）将单元教学目标明确下来

课程标准目标得以实现的基本单位就是教学单元,因此说单元教学目标是学期教学目标的细化，换言之，学期教学计划中相应领域的目标要求要通过单元教学计划中不同领域的教学目标体现出来。

（2）将教学重难点确定下来

教师对重点难点的确定首先需要分析教材，教师需要分析的内容主要包括教材的价值、本单元教学内容与前后教学内容之间的关系、学生学习本单元教学内容的准备等，只有对这些内容进行认真的分析，才能够对单元教学重点难点做出合理的确定，以使后续的教学策略可以付诸实践，并取得良好的效果。此外，教师还要对足球教材与其他教材之间的联系加以考虑，有机结合足球与其他学科内容展开教学。

（3）对课程资源加以分析

设计单元教学计划应该对该单元教学可以使用的课程资源加以明确，而且要清楚这些资源能否使单元教学的需要得到满足。例如，对可利用的体育设施资源、师资资源加以分析，对学生的学习基础、学习兴趣、学习能力等加以分析，如此才能设计出可操作性较强的教学计划。

（4）将课时教学目标确定下来

分解单元教学目标使之成为一系列的教学子目标，这些教学子目标就是课时教学目标。与单元教学目标相比而言，课时目标更具体、更详细，能够在教学实践中直接实现，课时教学目标要将重点凸显出来，并且能够有很强的概括性。在确定课时目标时，要注意不同课时之间的承上启下。

（5）将单元教学策略设计出来

为了促进教学目标的实现而采取的一系列教学行为方案就是所谓的教学策略，主要包括教学组织形式、教学方法、教学模式及教学媒体等。根据需要，足球教学可以采用分组练习或班级集体练习的组织形式。教学条件、教材特点以及学生的具体情况是决定采取何种组织形式的依据。在选择教学方法时，则要充分考虑到教学条件、教学内容及学生的实际情况。以学生为主体，以学生的发展为中心是新教学理念倡导的重点。由此可以得知,选择教学方法要对是否对学习方式的转变有促进作用,是否对学生的全面发展有利,以及学生的个体差异都进行全面的考量。

2. 单元教学计划案例

水平四(一年级)足球单元教学计划案例见表 4–3。

表 4–3　水平四（一年级）足球单元教学计划[①]

<table>
<tr><td>学习领域</td><td>运动参与</td><td>运动技能</td><td colspan="2">身体健康</td><td>心理健康</td><td>社会参与</td></tr>
<tr><td>领域目标</td><td>积极学习足球基本技术;提高足球兴趣</td><td>学生基本了解足球运动,初步学会基本技术(运球、踢球等)。50% ~ 60%的同学初步掌握运球时机和几项踢球技术</td><td colspan="2">通过足球活动促进体能和身体素质的发展;对常见的运动损伤处理方法加以掌握</td><td>在足球群体活动中培养自信,促进良好的心理品质的逐步形成</td><td>发展社会交往能力,懂得如何理解人、关心人和对人际关系的正确处理</td></tr>
<tr><td>课次</td><td>1</td><td>2</td><td>3</td><td>4</td><td>5</td><td>6</td></tr>
<tr><td>学习内容</td><td>熟悉球性:颠球、拖球</td><td>脚内侧踢地滚球</td><td>脚内侧踢、接地滚球</td><td>正脚背踢球</td><td>正脚背运球</td><td>游戏与考核</td></tr>
<tr><td>课时学习目标</td><td>对颠球技巧初步体验,感受球性;促进身体协调性的发展;享受足球运动的快乐,大多数同学能积极参与</td><td>对脚内侧踢地滚球的动作初步学习;促进身体协调能力和下肢力量的发展。一半的同学能完成动作</td><td>对脚内侧踢、接地滚球动作基本掌握;在活动中发展创新能力。50% ~ 60%的学生能较好完成动作</td><td>对正脚背踢球动作初步体会;在活动中培养自尊与自信。一半同学能用中等力量射门</td><td>对正脚背运球的要领初步掌握,并能初步完成动作。大多数同学能将运球和踢球在力量运用上的不同区别开来</td><td>对足球游戏活动积极参与,促进基本技能的巩固,能够在足球游戏和考核中展示技术;促进基本活动能力的增强</td></tr>
</table>

① 1王崇喜.足球教学设计[M].北京:高等教育出版社,2009.

续表

学习领域	运动参与	运动技能	身体健康		心理健康	社会参与
学习重点难点	身体协调用力	脚触球部位和合理的力量	脚触球部位和合理的力量	脚触球部位和脚型	脚触球部位和合理的力量	帮助与信任协调与配合自信与顽强
学习方式	自主体验；观察与相互评价	观察与模仿；自主体验；相互指导与评价	观察与模仿；合作学习；展示与交流	观察与讨论；自主体验；交流与评比	观察与讨论；合作学习；游戏体验	探究与讨论；游戏巩固；小组自主评价
教学指导	示范；提示；激励	讲解与示范；启发与激励	讲解与示范；引导与交流	直观图片展示，评价与激励	直观图片展示；启发与激励	语言指示；评价
教学媒体	足球	足球；标志线	足球；标志线	图片、足球	图片；足球	标尺；足球

三、中学足球教案的设计

（一）教案的内容

足球教学课中准备做什么和如何做的所有过程及细节都是足球课教案的内容，这就要求教师在课前全面分析教材与学生，细致地预测教学中可能出现的问题。教师要做好这些准备，并在教案中写明实施与解决方案。不管采用何种方式编写足球课的教案，其都应该包含教学目标、教学内容、教学步骤、教学组织、时间安排、教学设施、教学反思等这几个方面的内容。

（二）教案的编写步骤及方法

在编写教案时，是需要按照一定的步骤和相应的方法来进行的，具体如下。

1. 将教学内容和教学重点确定下来

教学内容在课时教学计划中是首先要确定的一个因素。课时教学目标是具体教学内容下的目标。如果没有对教学内容的确立,就无法将教学目标确定下来。通常而言,确立足球课堂教学内容的主要依据是学期教学计划与单元教学计划。

2. 将学习目标明确下来

要明确学习目标,需要满足以下几个方面的条件。

第一,确定课堂学习目标需要满足这样几个要求:一定要明确地设置,确立的学习目标要能够将可观察到的学习效果反映出来,要能够将检测结果的标准体现出来;要与整体性的要求相符;还要具有一定的弹性,将学生的个性充分体现出来。

第二,要将课堂学习目标准确无误地表述出来,同时,还要求包含行为主体、行为动词、行为条件、表现水平这四个要素。

第三,要将运动参与、运动技能、身体健康、心理健康与社会适应这五个目标领域的表述处理好。

3. 将适宜的教学方式设计出来

编写教案的核心就在于设计教学方法,即设计教授方法与学习方法,为了积极转变学生的学习方式,教师在设计教学方式的过程中适当地对自己的教学方法与策略做出改变,使学生在学习足球技能的过程中,积极主动地发现问题、提出问题、分析问题并解决问题,提高学生学习的积极性与自主性。教师要多采用启发与引导、鼓励与评价等教学方法,促进学生足球技能的提高和身心的全面发展,这也有利于课程目标的顺利实现。

因为一堂足球教学课的开展是以某一项或几项足球技能为中心进行的,所以教学步骤具体要围绕基本教材展开,在分析教材的基础上再考虑如何对学生进行引导和指导学生做身心方面的准备。陈述教学步骤时要以课的结构顺序为基准。

4. 将合适的组织形式设计出来

设计组织形式主要是为了使教学工作能够顺利开展并取得良好的教学效果。分组教学、队形安排等是常见的组织形式。

同质分组、异质分组、友伴分组以及随机分组等是足球课堂教学中常用的教学组织形式(图 4-1),不同的组织形式有各自的优势与不足,对分组形式的选择具体要以教学内容、课堂教学情况、学生的实际情况为依据进行,在具体选择时要灵活处理,可以综合使用不同的分组形式。在编写教案的过程中,可以用图例将组织形式写在相应的栏目内,并采用文字的形式对分组形式的变换进行表达,这主要是为了将教学过程的组织直观地呈现出来。

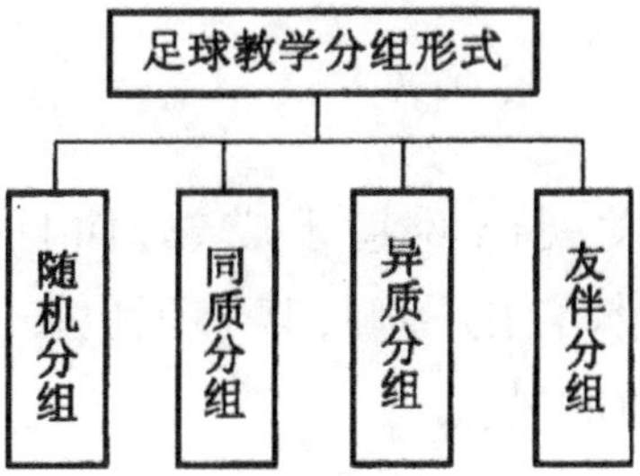

图 4-1

5. 将过程目标确定下来

具体教学行为所指向的目标就是所谓的过程目标,也可称为预期效果、阶段目标或形成性目标。育人目标的全面性是体育新课程强调的重点,强调学生在学习基本知识与技能的过程中可以形成正确的价值观,教师在编写教案内容时,应该考虑到新课程对教学目标的要求,对形成性目标栏目专门进行设定,将课中各项活动的目的表明,这也能够促进教学活动开展的目的性的提高。

6. 对教学媒体进行相应的安排

足球教学活动中所需的场地、器材、相关设备等就是教学媒体。在编写教案时,要将所用到的教学媒体清楚地罗列出来,以便能够做好这一方面的准备。而且,事先考虑好需要用到哪些教学媒体,有利于统筹安排几个班级同时上课的情况,对教学中可能产生的场地设施冲突的问题进行有效的解决。

7. 做好课后小结

课后小结这一栏目是教师用来自我反思或进行自我评价的，一份完整的教案离不开课后小结这一重要的环节。

第三节　大学阶段足球运动课程教学设计

一、大学足球教学目标的设置与教学内容的选择

（一）大学生身心发展特点

大学生的生理发展已经趋于成熟，而且因为生活经历的增加，周围环境与所受教育的影响，其心理也在不断的成熟与发展，并呈现出如下几方面的特点。

1. 意识的发展

大学生意识的发展，主要从独立感、自尊心以及自信心这几个方面得到体现，具体如下。

（1）独立感。大学生自身也有强烈的成人感，他们的自强自立，有独立思考的能力，对别人对自己的过多干涉比较反感。

（2）自尊心。普遍来说，大学生的自尊心与好胜心比较强烈，不甘心落后于他人，在心理上明显地表现出不允许别人轻视自己。大学生过强的自尊心也容易使其产生自负感，凡事以自己为中心。另外，自尊心太强或者缺乏自尊心都不利于其意识的发展。

（3）自信心。大学生有较好的自我认识能力与较高的自我评价水平，而且积累的学习与生活经验也在不断增加，在这样的条件下他们的自信心与客观现实就越接近。他们有充沛的精力，敏捷的思维，而自信心的产生都是以这些为基础的。同样的，过强的自信心和缺乏自信心对于大学生的发展都是不利的。

2. 情感的发展

相较于中学生来说，大学生的情感要丰富得多，究其原因，主要是由于大学生的中枢神经系统兴奋与抑制在不断强化，而且其也积累了较多的社会实践经验，随着年龄的逐步增长，大学生高级情感的产生能力也在不断增加，而且情感范围也在不断扩大。在各种情感的发展中，发展较为显著的是道德感，大学生能够以一定的道德规范和标准为根据来对自己或别人的言行进行评判，从而对一定情感体验的产生起到积极的促进作用。

3. 记忆力与思维能力的发展

大学生的记忆力发展很快，这是博闻强识最好的时间，在这一时期，大学生逻辑思维能力的发展也十分明显，尤其是抽象逻辑思维的转化特别显著，此外，大学生的辩证思维也得到了初步发展。大学生的思维具有很强的独立性和批判性，看待周围的人事时喜欢用批判的眼光，他们对一些问题常常怀着怀疑和争论的态度看待，勇于将自己的见解表达出来，因此，这也对其创造思维的发展起到了积极的促进作用。

4. 观察力和想象力的发展

大学生的观察力和想象力也会随着年龄的不断增长而得到一定的发展，大学生开始期望对事物的本质特征与发展规律加以了解与掌握，对自然与社会现象充满兴趣与好奇。由于没有丰富的经验和资深的阅历，生活基础不够坚实，理论素养较低，因此，这就使得大学生在思考问题时总会有一些浪漫的色彩，如果没有实现理想，失望和悲观感便会即刻产生。

（二）大学足球教学目标的设置

设置足球课教学目标时，需要对以下两个方面加以注意。

1. 要对足球运动的规律加以分析

足球课教学目标的制定与对足球技术形成规律和足球技战

术构成规律的分析有着非常密切的关系，在制定学习目标时，一定要严格遵循一般身体素质→基本技术→基本战术的规律，具体来说，可以大致分为以下几个阶段。

第一，一般身体素质具备、对基础技术加以掌握之后再对有一定难度的技术加以学习。

第二，一定的专项身体素质具备，并掌握了相应的技术之后再对高难度技术加以学习与掌握。

第三，对系统的足球技术加以掌握之后，再对需要这些技术支持的足球战术加以学习。

第四，对无对抗条件下的技战术掌握之后，再对有一定对抗强度的技战术加以学习。

第五，掌握一定对抗强度的技战术后，再对强对抗下的技战术加以学习。

2. 选取的目标角度必须是多维的

为贯彻《体育课程教学指导纲要》的精神，在对课时计划的学习目标进行设置时，需要对五个学习领域加以全面的考虑，同时还要对两个水平目标之间的关系进行考虑。在表述学习目标时，一定要包含“对象、行为、条件、标准”这四个要素。

(三)大学足球教学内容的选择与组织

1. 足球教学内容的选择

普通高校中，体育教学大纲中对体育教学内容进行了明确的规定，《体育课程教学指导纲要》则只明确了不同层次的教学目标，对一些教学内容只是从基础上粗略提出，对具体的教学内容没有做出明确的规定，这样，教师在对教学大纲进行制定时对教学内容的确定的选择就相对多一些。学生对学习内容的选择可以以自己的兴趣爱好为依据，但要在教师的指导下选择，从而使选择的盲目性得到有效的避免。

2. 足球教学内容的组织

对足球教学内容初步选好后，要以足球运动的规律与特点为依据来进行组织与安排，使教学内容呈现出逻辑性与系统性的特点。在对教学内容进行组织安排时，需要对以下几个方面的内容加以考量。

第一，从整体到部分不断细化教学内容。

第二，教学内容的组织要不断深化，从已知到未知。

第三，对教学内容的组织与安排要按照事物发展规律进行排列。

第四，安排教学内容时注意不同内容之间的联系。

二、大学足球学期教学计划的制定

一般来说，学期足球教学工作计划也被称为“足球教学进度”，具体来说，就是以《体育课程教学指导纲要》中提出的课程目标和要求为依据，在每个课时中有序地分配某一学期中所确立的足球教学内容、各个教学内容的预设时数。

（一）学期教学计划制定的依据

一般而言，高校足球教学包括一个完整的学期，或者也可以是一个学年。学期教学计划的制定是需要在一定的依据下进行的，具体来说，其可以遵循的依据主要有以下几个方面。

（1）学期教学计划中，安排的教学内容一定要与《指导纲要》的精神相符，通过学生身心素质的全面发展，来对学习领域目标的实现起到积极的促进作用。

（2）无论是一学期的教学内容，还是每次课的教学内容，在安排时都要注意与相应学段学生的学习基础和能力相符，同时，还要充分考虑所选内容与前一学段教学内容之间的关系，从而使重复现象得到有效的避免，进而使经过一个学期的学习后，学生可以对足球知识、技战术有较为全面的掌握，从而促进学生足球学习兴趣的提高和参与足球活动习惯的形成得到有力的保证。

（3）要注意系统连贯地安排每次课之间的教学内容，对教学内容之间的横向联系要正确处理，遵循循序渐进的原则，使学生所掌握的知识不断深入与丰富。

（4）要遵循因地制宜的原则，在对学校教学条件充分考虑的基础上对教学内容加以选择。

（二）学期教学计划案例

相较于中学足球教学，高校足球教学存在的时间较长，更具系统性的显著特点。在对学期教学工作计划进行制定时，可以对高中学期的教学工作计划加以参考，在内容上要对高校足球教学的特点充分考虑，在编写中也要考虑高校足球教学的具体情况，具体见表4–4。

表4–4　××大学足球专项课学期教学工作计划

教学内容	课时	课次	1	2	3	4	5	6	7	8	9	10	11	12	13	14	15	16	17	18
基础知识	4	2	①					②												
运球	8	4		①	②	③	④													
踢球接球	12	6			①	②	③		④	⑤		⑥								
抢断球	4	2						①			②									
头顶球	4	2										①		②						
守门员掷界外球	4	2								①					②					
组合技术	8	4							①		②		③			④				
个人战术	4	2											①		②					
局部战术	6	3												①		②	③			
比赛阵型教学比赛	6	3															①	②	③	
复习考核	2	1																		①
备注	略																			

三、大学足球教案的设计

（一）教案编写的步骤及方法

在编写大学足球教案时，要按照一定的步骤进行，同时，还要采取相应的方法，具体如下。

1. 将教学内容和教学重点确定下来

（1）将教学内容确定下来

确立教学内容是编写教案的首要工作。尽管《指导纲要》中采用的模式是目标统领内容，然而在一节具体的课中，教学目标是一个具体内容的目标，如果没有确立教学内容，就不可能产生教学目标。

通常而言，确定足球课堂教学内容是以学期和单元教学工作计划为依据进行的。然而这仅仅反映了本次足球课教学内容的主要技能成分。体育新课程教学中对教学过程与学生生活的联系较为重视，强调对课堂或的构建要以生活的整体观念来进行。所以，一节足球教学课的设计通常会有一个主题，而教学主题的确定是以主要教材内容为依据的。在确立教学内容时，对教学内容与学生足球活动经验的联系重点加以考虑，更能体现出以人为本的教学理念。

（2）将教学重难点及教学关键确定下来

确定教学主题与教学内容后，还要对一节课的教学重难点加以把握，甚至包括对教学关键的把握。

教学内容中最基本与最重要的核心的部分就是所谓的教学重点。学生现有的足球认知水平和能力无法理解或掌握的教学内容就是教学难点。教学内容中具有决定作用的技能就是教学关键。教学重点、难点、关键三者之间有一定的区别，但又互相联系，有些情况下，三者可能会指向相同的内容。在编写教案时，教师不能忽略对教学重点、难点与关键的把握。

2. 将教学目标明确下来

要明确教学目标,需要符合以下几个方面的要求。

第一,要与教学目标确立的要求相符。教师要对课堂教学目标确立的一般要求加以明确,确立的目标要有明确性、整体性的特点,而且还要具有一定的弹性。

第二,要将足球教学目标完整地陈述出来。无论陈述哪一领域的足球教学目标,都要包括行为主体、行为动词、行为条件、表现水平或标准这四个要素。

第三,要对目标领域进行合理的处理。高校足球课程计划中对目标领域的处理于中学足球教案编写步骤及方法中对目标领域的处理方法有着一定的共同之处,可以加以借鉴。

3. 对教学方式加以设计

对于教案的编写来说,教学方式的设计是其最重要的核心部分。在传统体育课堂教学中,教学方式往往是较为单一的,学生多处于被动学习状态,现代体育教学强调对传统教学方法的改革,对多样化的学习方法积极提倡,倡导对自主、合作、探究等新兴学习方式的使用,以此来发展学生的自主意识及创造能力,加强对学生实践能力的培养。

教师教学方式的改变,能够将学习方式的转变带动起来,因此。这就要求教师要自觉地对新的教学方式进行探讨和发掘,从而使之前满堂灌的传统教学方式得以改变,引导学生多思考,从而对学生主体参与意识的不断提高起到积极的促进作用。

教师在教学设计中,对自己教学方式与教学策略的改变能够促进学习方式的转变。在选择呈现教学内容的方式上,要以问题形式间接呈现的方式为主,突出学生在学习过程中的认识活动(发现、探究、研讨等),使学生在足球技能的学习过程中能够善于发现问题与解决问题。

4. 对组织形式加以设计

组织形式,实际上就是以顺利开展足球课堂教学为目的而采用的方式，分组教学形式、具体的队形安排等都属于组织形式的范畴。

大学足球教案中常见的组织形式与中学足球教案中的组织形式是基本相同的，都包括四种，即同质分组、异质分组、随机分组、友伴分组，没有哪一种分组形式是绝对完美的，任何一种方式都有其自身的优势与不足，因此，这就要求教师在选择时一定要慎重。

需要强调的是，教师选择分组方式要重点考虑的是教学内容的特点与规律、课堂教学情境以及学生的实际情况。没有任何一种分组形式对所有的教学情境都是适用的，因此，这就要求在教学实践中要注意灵活选择分组形式。

5. 将过程目标确定下来

传统体育教学中，对学生体质的增强目标特别重视，因此可以通过“生理负荷”将教学效果体现出来。体育新课程对全面的育人目标较为关注，因此可以对过程目标栏目进行专门设定。

6. 对教学媒体进行预测

高校教案设计中预测教学媒体的环节与中学足球教案设计中预测教学媒体的步骤是基本相同的，可以加以借鉴，此处不再赘述。

7. 做好课后小结

课后小结是课时教学计划中必不可少的一部分，教师在课后小节中主要是表述对自己的教学评价或进行教学反思。

（二）教案设计案例

高校足球专项课教案设计示例见表 4-5。

表 4-5 高校足球专项课教案

上课班级：—— 上课时间：——		
教学内容	1. 原地正面头顶球、跳起正面头顶球 2. 发展身体素质的各种练习	
教学目标	1. 对前额正面头顶球的动作要点做进一步的明确，并在各种复杂的条件以及比赛环境下能够正确地完成跳起头顶球的技术动作 2. 对课堂各项学习活动积极参与，促进练习的兴趣的提高 3. 采用自主学练和群体性练习的方法促进身体运动能力和身体素质的发展，促进自主学习能力和交往能力的提高	
教学过程	1. 自主活动（10 分钟）	学生课前到达上课地点，了解黑板上的学习内容提示后，每人拿 1 个足球，在足球场上自由散开分布，然后进行熟悉球性练习，可以单独练习，可以结伴练习。教师巡视对学生加以指导
	2. 导入目标（5 分钟）	集中在教师周围，教师宣布上课内容，将学练要求提出，对动作要点进行强调：上体稍后仰，展腹挺胸，身体自下而上地蹬地、收腹、摆体、顶送发力。对学练组织和方法进行布置
	3. 诱导性活动（10 分钟）	按教师提示的头顶球方法与要求，学生两人一球自由组合练习原地头顶球。方法：一名学生手托球，放置在同伴直立时前额正面的位置，练习者进行原地正面头顶球的模拟练习。教师巡回对其进行指导，纠正学生的错误动作
	4. 分组学练（15 分钟）	教师对跳起头顶球的技术要点加以提示，对起跳位置和起跳时机的掌握加以强调，看清球的飞行路线。练习步骤：先原地、后跳起。两名学生一组，一抛一顶，然后两人一组对顶
	5. 分组展示（5 分钟）	两人一组进行抛顶组合练习，对动作的准确性和效果进行观摩
	6. 游戏巩固（15 分钟）	6 名学生一组，采用头顶球接力游戏：每组一个同学在前面抛球，对面的同伴将球顶回，假如抛球同学把球接住就依次进行，假如抛球同学没有接住球，球落地，该同学就要继续抛球给之前顶球的同学，直到他成功地顶回球。先完成的组算获胜
	7. 竞赛运用（25 分钟）	6 名学生一组，每组一个开球员，一个守门员。两组对练，进攻组开球员从角球区开球，其余 5 名学生争顶射门，另一个组 5 名学生防守，5 个球后轮换。循环往复
	结合足球技术进行身体素质练习（7 分钟，实际练习 4 分钟）：在教师的带领下做一套创编的足球操（共 8 节操，每节操 4 ～ 8 节，做 1 次）；跟着基础比较好的学生听音乐做创编的足球操（4 节，每节 4 ～ 8 拍，做 1 次）	
	8. 整理结课（5 分钟）	在教师的指导下做气功意念放松和牵拉放松练习；简要总结本课上课的优点与不足，针对学生掌握“原地头顶球、跳起头顶球”的技术情况做一个技术提示
教学媒体	一块足球场，4 个球门，足球 48 个，标志物 20 个，小黑板 1 块	

第五章　学校足球运动课程训练课设计

在学校足球运动课程教学中，训练课是足球技战术、足球竞赛等实践教学内容的教学组织形式。通过足球训练课的开展，可以有效提高学生的足球技战术水平，增强学生的一般与专项体能素质，提升学生的实战能力，而且还能够使学生在练习过程中用理论指导实践，实现理论与实践的全面发展。本章主要就学校足球运动课程中训练课的设计进行分析，主要内容有足球运动训练课的基本理论知识、设计策略以及科学指导。

第一节　足球运动训练课的基本理论

一、足球运动训练课的类型

学校足球训练课主要可分为四种类型，分别是身体训练课、技、战术训练课、综合训练课以及比赛课。具体分析如下。

（一）身体训练课

身体训练课主要是对身体素质训练内容进行安排。在身体训练课中，采取多种训练手段和方法来对学生的一般运动素质和专项运动素质进行培养，促进其运动水平的提高和保持。

身体训练课的主要任务是发展学生的各种运动素质，提高学生的体能素质。要注意对不同素质训练的先后顺序及训练的负荷进行合理安排，一次课中安排的运动素质有两种以上。正确安排好练习顺序有助于训练效果的提高。一般来说,应在课的前半部分安排力量练习和速度练习,以保证练习的质量,取得理想的效果,当学生略感疲劳时,可对耐力素质或力量耐力的练习进行安排。

足球运动训练中,身体训练的特征主要包括两部分,即外部特征和内部特征(图 5-1)。

(1)外部特征:持续时间、运动时段、运动距离、重复次数、训练课次数和训练强度。

(2)内部特征:心率、肺活量、最大吸氧量、血乳酸积累的量和速度。

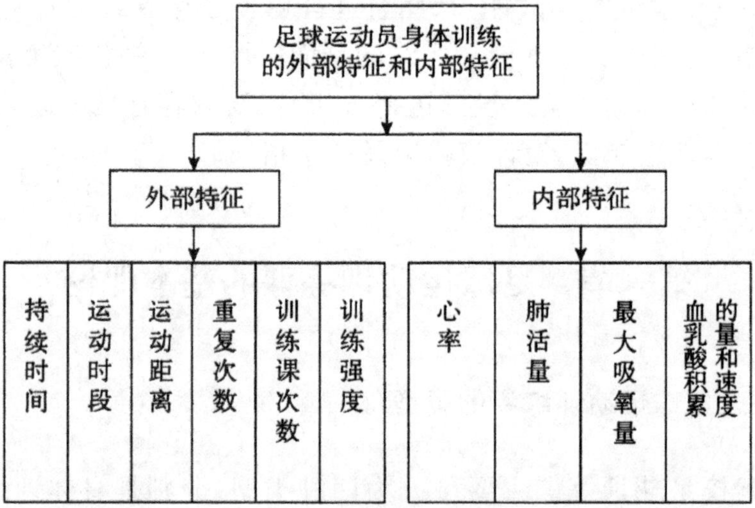

图 5-1

训练强度对训练运动量、效果影响甚大。因此在安排足球身体训练时,需根据训练任务对负荷的强度进行合理控制。

在一定范围内,机体运动量越大,消耗的能量越多,在结束机体工作之后,超量恢复也越明显(表 5-1)。

表 5-1　足球运动强度标准参考值

最大运动能力的百分数(%)	强度	心率 /(次 · 分钟 $^{-1}$)
30 ~ 50	小	120 ~ 140
50 ~ 60	次中	140 ~ 150

续表

最大运动能力的百分数(%)	强度	心率/(次·分钟$^{-1}$)
60 ~ 75	中	150 ~ 165
75 ~ 90	次最大	165 ~ 180
90 ~ 100	最大(极限)	> 180

(二)技战术训练课

足球技、战术训练课中主要是组织学生进行各类技战术的练习、各种促进足球专项技、战术水平提高的辅助性练习。目的明确、内容训练手段与方法较为集中是足球技战术训练课的主要特点。技战术训练课中,一般根据课的目的及其在训练过程中所处的位置来决定训练负荷。

技、战术训练课的基本任务是使学生对足球专项运动技战术进行学习和掌握,促进学生技、战术质量的提高,及时纠正学生在练习中出现的错误。教练员要注意对技、战术训练顺序进行合理安排,要依据实战需要、效果明显、组织方便和激发兴趣等原则选择相应的训练手段。

1. 技术训练课

在足球技术训练课中安排具体的训练内容,需遵循由易到难、由简到繁、由原地到移动、由单一到综合的原则。练习内容以有球练习为主,主要有踢球、接球、运球、顶球、抢球,同时将假动作与掷界外球技术逐步融入其中。

在技术训练课中,教练员首先通过讲述和直观方法使学生清晰、完整地了解技术动作的特点、方法及其在比赛中的运用。然后再将技术动作的要领、注意事项向学生说明。学生在开始学习时,一般采用领会和初步掌握动作要领为目的的练习,然后逐步采用比较复杂的综合技术以及结合各位置特点的练习,学生要注意结合比赛进行练习,提高实战技能。

2. 战术训练课

在足球战术训练中，教练员首先应该向学生讲解战术在比赛中的意义和队员间的配合。随着学生练习的不断深入，逐步将战术细节及各种变化向学生说明，并在学生的训练过程中不断纠正其出现的错误。

战术训练课中，常用的教学方法包括观看比赛与讨论法，尤其是对现场观摩优秀球队的比赛，观看优秀球队的比赛录像，可以使学生学到更精彩的战术配合。观看前，教练应提出一些问题，使学生有目的地观摩，并积极思考。观后讨论问题，以便加深学生对足球战术的理解。观摩低水平运动队的比赛时，应提醒学生观察场所队员在战术运用和战术配合中的不当之处和失误，向学生分析原因，使学生从反面理解运用战术的要点。

战术教学与训练的目的是使学生可以在比赛中做到完善的配合。在学习之初，先在不设防守队员的条件下组织学生练习，有些难度大的配合甚至可以用“足球沙盘”摆放，使学生先对配合路线有所了解，然后使其在慢跑中进行练习。可以先用“标志物”代替防守队员，随着学生练习的熟练，逐步加大难度。例如，在进攻战术练习中，增加防守人数，要求防守队员加强防守强度，积极防守。

战术训练课除了上述方法外，还应注重利用比赛提高学生的战术配合能力，高水平的比赛有利于学生对足球战术的熟练掌握与运用。

身体训练课、技术训练课以及战术训练课都有自己的特点及要求，而且针对不同年龄的学生有不同的安排，见表 5-2。

（三）检测、检查与比赛课

检测、检查与比赛课的任务是检查运动员的训练效果，或直接组织学生参加比赛。具体根据计划中的要求安排课的内容、测试的手段。课的负荷量可能较小，但一般来说负荷强度较大或者很大。在某些时候，这种负荷可以对学生的身体产生相当强烈的刺激。比赛课可进一步磨合阵容，使学生对各个位置之间的配合协作有所熟练，找出不足之处，在以后加以改进，不断提高学生的足球竞技能力。

表 5-2　不同年龄学生训练标准参考表①

年龄	身体素质训练	技术训练	战术训练
8—10 岁	围绕敏捷性、灵活性和反应速度进行训练。集体速度练习，轻对抗练习，通过游戏和速度练习提高体能	简单的非对抗练习，重点加强个人技术中的控球能力，基本技术动作中运用主动肌的能力（伸肌力），采用 3 号球	主要采用 3 对 3、4 对 4、5 对 5 的训练比赛，重点是培养队员拉开距离、接应和盯人的概念，开始正规比赛并了解比赛的基本原则
10—12 岁	增加简单跑动和身体运动的强度，分组配合，提高速度和增强反应能力，开始进行一般的耐力训练（有氧代谢为主）	由非对抗性练习转入小规模的对抗性练习。经常采用 3 对 1、5 对 1 练习为好。采用 4 号球	经常采用4对4、6对6、8 对 8 小型比赛。目的是掌握拉开距离、接应、跑动的基本概念。进行简单的攻防配合训练，开始进行小组配合和墙式二过一练习
12—14 岁	在全队、个人练习中突出竞争意识，延长奔跑距离。继续提高速度、敏捷和灵活性，增加训练量	用对抗的速度进行非对抗练习，完善技术（练习中假设有对手）的对抗练习，提高在压力下决策和发挥技术的能力	继续 4 对 4、6 对 6、8 对 8 的小型比赛，目的是过渡到 11 对 11 的正规比赛，继续提高局部战术能力，如人墙、接力（连续配合）等，进一步提高对比赛原则的认识
14—16 岁	综合身体素质训练，增加体能训练的量和强度。包括力量（客服自重）、速度和耐力训练	用对抗的速度进行非对抗练习，完善技术（练习中假设有对手）的对抗练习，提高在压力下决策和发挥技术的能力	继续小型比赛，增加 11 对 11 比赛的比重，掌握比赛原则，掌握位置技术和相关技巧

（四）综合训练课

足球运动训练课中，综合训练课是主要的类型之一，根据发展多种竞技能力的需要，在综合训练课中需要运用紧密结合实战

① 黄竹航，王方．足球训练设计 [M]．北京：高等教育出版社，2010.

需要的综合性的训练方法和手段指导学生训练，所采用的方法应能够全面训练学生的素质、技术、战术和心理等。综合训练课的任务是全面地或综合地发展学生的足球专项竞技能力，安排时特别要注意合理组合不同训练内容。通常在一次训练课中，先进行技战术训练，后安排运动素质训练。还要注意合理分配负荷，以便学生能顺利完成全部训练内容，达到良好的训练效果。

二、足球运动训练课的结构与组织

足球运动训练课通常由三个部分组成，分别是准备部分、基本部分和结束部分，依据学生机体工作能力的变化来安排这三个部分的训练，可以使学生机体逐渐进入工作阶段、稳定阶段、疲劳阶段以及恢复阶段。在学校足球运动训练中，训练课是主要的组织形式，合理的训练课组织能够保障学生的训练达到必要的密度，使学生参与各种练习活动，取得积极的训练效果。

一般来说，足球训练课中，三个部分的时间比例是2∶7∶1。每个部分都有特殊的功能，有自己的独特内容。需要注意的是，因为不同年龄段学生的体力变化状况是不一样的，因此足球训练课的组成部分也并非是固定的。具体应该根据训练目的、学生的情况、训练手段、训练内容来考虑训练课的结构，结构安排要保证训练课的实施能够取得良好的实际效果。

（一）足球训练课的常见结构与组织

足球训练课的结构安排中，常见的结构就是由准备部分、基本部分、结束部分组成的。如果学生年龄较小，可以具体划分为四个阶段，即热身阶段、基础练习阶段、实战练习阶段、恢复放松阶段，在安排中，突出各阶段的目标任务，这对于教练员进行相应的训练组织和安排是有帮助的（图 5-2）。

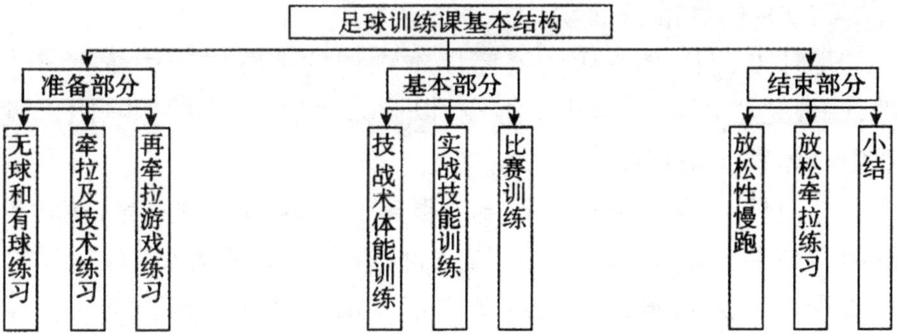

图 5–2

1. 准备部分与组织

在足球训练课中,准备阶段是不可缺少的,它的作用主要体现在以下几方面。

第一,通过活动肌肉,提高中枢神经系统的兴奋性、肌肉的兴奋性及肌肉的强度,减少肌肉的黏滞性和肌肉活动的阻力,促进肌肉力量、弹性、灵活性的增强,促进运动幅度的提高,使机体快速进入工作状态,防止出现运动损伤。

第二,调整学生的赛前状态,使学生克服紧张心理,防止肌肉颤抖、动作不协调等不良现象出现。

在准备部分,教练员应将本次训练课的任务、内容、训练方法与要求详细地讲给学生,然后根据课的训练项目组织准备活动。一般来说,一节足球训练课共 2 小时,准备部分占 25 ~ 30 分钟,在不同的季节可以适当调整,夏季可短些,冬季可长些。

足球训练课的准备活动分为一般性准备活动和专门性准备活动,具体分析如下。

（1）一般性准备活动

慢跑、牵拉韧带、活动全身关节等是一般性准备活动的主要内容。开始时先慢跑,时间为 2 ~ 3 分钟,从而促进学生身体温度和心率的提高,此后再牵拉身体主要肌肉和关节,以腰部、臀部和双腿等足球训练中常用的肌肉和关节为主。伸展运动一般是动力性的。

（2）专门性准备活动

足球专门性准备活动需要以本次课的训练内容为依据来安排，一般是强度较小的球类游戏，以此来增加训练课的趣味性，使学生身体素质得到提高。

专门性准备活动的任务直接服务于基本部分的内容，使学生机体适应特定的训练要求，并做到技术上的必要准备，保证学生高质量地完成基本部分的主要内容。虽然足球专门性准备活动仅仅是预备性的，但为了适应将要进行的训练并获得较好的训练效果，训练强度有时可接近于基本部分主要内容的要求。

2. 基本部分与组织

足球训练课有单一内容训练课和综合内容训练课之分，下面主要分析这两种训练课的基本部分结构及其组织。

（1）单一内容训练课的基本部分

足球基本技术训练课、专项素质训练课等属于单一内容训练课，时间集中、任务明确、内容简单，适于完成需时较长的训练任务等是单一内容训练课基本部分的主要特点，在这一阶段，可施加较大的训练负荷，促进学生机体适应性的提高。

在足球训练课中，如一次课中采用单一训练内容，常会出现身体局部疲劳，影响学生神经系统的兴奋程度。因此，在安排时应采用多种形式、不同的练习密度和间歇方法，从而使学生的体力状态得到调整，保证训练效果的提高。在足球训练课中，单一训练课的组织形式一般较少采用。

（2）综合内容训练课的基本部分

综合内容训练课中，练习内容多样，基本部分的变化较为丰富，因此在组织安排上比较复杂，需注意以下几点。

①合理安排各练习内容的顺序

首先，先安排神经系统处于较为兴奋、能量供应充沛的练习内容，后安排容易产生疲劳的练习内容。

其次，先安排技术性强的练习内容，后安排素质性练习内容。

最后，先安排对其他练习产生良好影响的练习内容，后安排对其他练习不产生影响或有不良影响的练习内容。

②变化训练内容时做好专项准备活动

安排相互联系不紧密的练习内容，在更换内容时应使学生做一些专项准备活动，避免学生身体受伤。

③对练习负荷的安排应有幅度变化

安排作用于同一机能系统的练习时，练习负荷的变化应呈波浪型。如在基本部分对作用于同一机能系统的练习进行安排时，为使该系统有适时的休整，就应通过间歇、改变练习密度等手段使练习负荷有波浪变化的趋势。

④注意不同练习内容负荷的累积效应

综合训练课基本部分虽然安排的训练内容不同，但机体接受的负荷性质可能是相同的，这时应考虑：如练习产生的负荷作用于机体的同一系统，那么该系统可能因负荷的累积而受到较大的刺激。此外，还应考虑产生负荷的练习作用于机体的何种机能系统，应尽量安排不同的练习内容，使机能系统交替工作。

3. 结束部分与组织

足球训练课结束部分的主要任务是使学生进行放松整理活动，牵拉韧带和肌肉，消除疲劳，达到恢复的效果。对本次训练课任务完成情况进行总结与评价，说明问题，提出改进措施，提示下次训练课的训练任务及训练要求。

图 5-3 显示了足球训练课不同结构的负荷程度及时间安排。

对青少年儿童进行足球训练时，应对形式与结构多样的训练课进行组织与安排，不能死板地运用一套固定的程式，否则就会使足球训练课变成足球教学课，影响学生的训练效果。

在足球训练课中，教练员应将学生在整个训练课中承担负荷的状态与练习质量重视起来，经过一定的时间练习后，要看学生的训练水平是否有了提高，还存在哪些问题，需要怎么解决等。

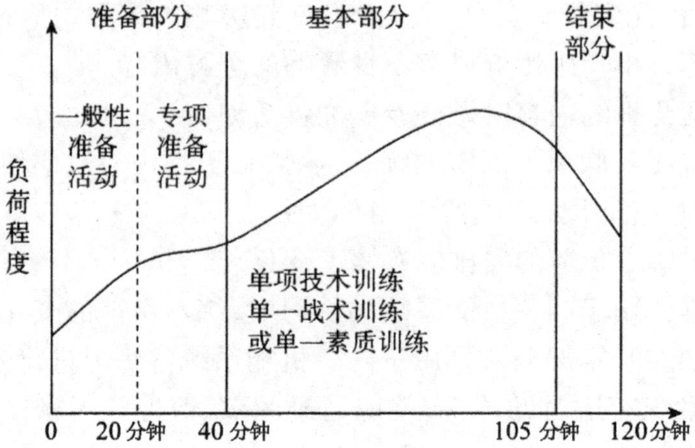

图 5-3

（二）荷兰“三段式”足球训练课结构

基于对足球运动比赛规律的认识和理解，围绕足球运动比赛的本质及要素，抓住技战术运用能力这一影响足球比赛结果的重要因素，荷兰足球协会推出了“三段式”足球训练课理论及训练模式，并在多年训练实践中证明了这一模式的科学性和实效性，在该模式指导下，荷兰的足球训练卓有成效。

1. 荷兰“三段式”足球训练课模式的理论与实践依据（表 5-3）

表 5-3　荷兰“三段式”足球训练课模式的依据[①]

原则及规律	主要内容
局限性原则	1. 训练中所涉及的任何内容，负荷的形式、方法和手段都是以足球比赛的实际需要为依据的 2. 最大限度地保留足球比赛的全部信息，或将足球比赛本身作为训练的方法及手段进行训练，使运动员在一个相对较完整的、近似真实的比赛条件下学习、掌握和运用足球技能 3. 全面、综合地提高足球比赛所需要的体、技、战、心、智等各种竞技能力，并及时、有效地转化为现实的竞技实力

① 黄竹航，王方．足球训练设计 [M]. 北京：高等教育出版社，2010.

续表

原则及规律	主要内容
竞技需要原则	1. 牢记足球比赛包括：球、球门、队友、对手、压力、时间、空间、方向、规则等九大要素 2. 比赛是训练的导师，训练是比赛的延续和简化。比赛要素是足球比赛所必需的，比赛所需要的就是训练中应练习提高的 3. 在训练构思、训练内容、方法手段的选择等方面，充分考虑其比赛要素的信息含量
专项竞技能力形成与提高规律	1. 足球技、战术活动完成的强对抗特点是足球运动员竞技能力的重要特征 2. 运动员在训练活动中所获得的基本技能就必须尽快地在近似或真实比赛的对抗情境中加以运用和强化。强对抗技、战术能力的最终获得与提高，正是多次有效的这种部分转化的良性积累

2. 荷兰“三段式”足球训练课的基本结构

“三段式”足球训练是将上述足球训练课的基本训练部分分为三个训练阶段，即引导学习阶段、学习阶段、巩固提高阶段。不同阶段的训练任务、训练内容、训练方法都有一定的差异，而且不同阶段各有侧重（图 5–4）。

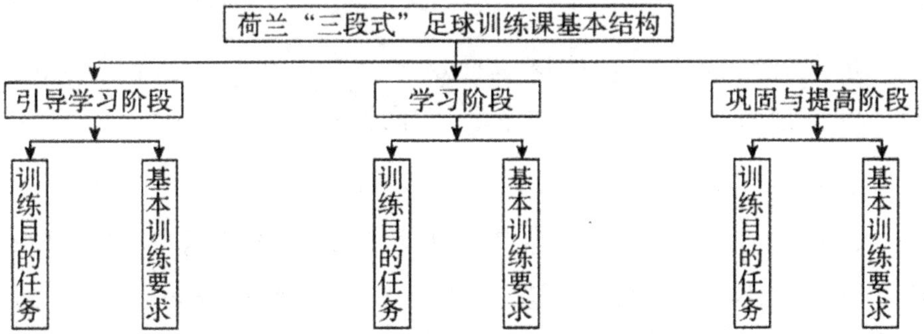

图 5–4

（1）引导学习阶段

在引导学习阶段，教练员应简单地对练习内容和方式方法进行演示，提出练习要求，追求练习的动态性，训练指导不需要太仔细。

（2）学习阶段

在学习阶段，重点设置特定问题情境，使学生在特殊情境中完成技、战术动作练习，并强调练习的准确性、规范性和合理性。在学生正确完成练习活动的前提下最大限度地追求练习重复次数。这一阶段的训练指导要有针对性，即对具体的人、问题进行指导，分析具体的问题，并提出对策。

(3)巩固与提高阶段

在巩固提高阶段，组织合理有效的比赛，使学生按照特定练习规则和要求展开实战对抗练习，从而强化本课所学内容。

第二节 足球运动训练课的设计策略

一、足球训练课内容的设计

学生足球竞技能力形成与发展的方向主要受训练课内容的影响，训练课目标的实现也会直接受到训练内容的影响。因此要科学设计足球训练课内容。

(一)根据比赛需要安排训练课内容

足球训练课的内容应该包括足球比赛的内容，足球比赛的需要是安排足球训练课内容的主要依据之一。

1. 训练课内容应反映出足球比赛的信息

足球训练课内容的安排必须考虑足球比赛的需要，它是足球比赛活动内容的简化或重复，安排这样的内容能够促进学生足球比赛能力的形成和提高。

2. 根据足球比赛需要的重要程度确定不同内容的比重

足球比赛的主要内容一般都应该出现在足球训练课中，而且所占比重较大，训练课次及时间较多。其他内容的训练应为比赛内容的训练服务。

(二)根据训练课目标安排训练内容

足球训练课的活动内容必须与训练课的训练目标相一致，而且要在内容安排中体现出这种一致性，这有利于训练课目标的实现。

教练员必须针对完成训练课目标的需要来考虑训练课内容的选择与安排，必须选择有利于实现训练课目标的活动内容。可以说，训练课目标是选择与安排训练课内容的重要向导，训练课内容必须是训练课目标内容的有效体现。例如，训练课目标是提高头顶球技术的运用能力，如若选择相对静止、原地或无对抗的头顶球练习内容，这显然是对各种头顶球技术动作方法完成的熟练性和准确性的一种强化，但头顶球技术的运用能力却无法得到提高。而选择各种移动或对抗中完成头顶传球、射门和争顶球的练习内容才可能使训练课目标实现。

（三）根据竞技能力发展需要选择训练课内容

各项足球竞技能力的全面发展与提高是足球整体竞技能力提高的基础，任何一项竞技能力要素如果存在缺陷，都会对其他竞技能力方面的发展水平造成影响与制约，从而使其整体竞技能力削弱。

1. 互补性训练课内容的安排

在足球训练课中，教练员应根据学生的竞技能力的薄弱环节安排活动内容，从而发展相关竞技能力要素。

2. 强化性与提高性训练课内容的安排

学生在足球比赛中或整个球队在足球比赛中取胜的关键在于其具有的优势竞技能力，每个人的优势能力都能够积极补偿球队整体竞技能力的不足。根据“扬长补短”的训练原则，对“扬长”的强化性训练内容进行安排是帮助球队取得胜利的关键。例如，如果球队的比赛作风硬朗、力量见长，应对能够提高用力技巧及用力效率的训练课内容进行安排；如果球队防守反击见长，应对提高能够反击速度与成功率的训练课内容进行重点安排等。

（四）根据训练内容本身的特点安排训练课内容

不同的足球训练内容在内容层次及难易程度方面存在鲜明的差异。例如，战术训练内容的比赛信息量较大，其训练内容的有效实现有赖于技术训练内容的先期进行，因而战术训练内容的难度就大于技术训练内容。即使是同一技术训练内容，也存在着静态与动态、地面与空中、训练与比赛条件下的不同训练内容层次，这些不同层次内容的难易程度也有差异。因此，教练员必须以训练内容本身的特点和学生的训练水平、可接受能力为依据来确定训练内容，坚持由易到难、由简到繁的原则进行安排。

（五）根据不同类型训练课的特点安排训练课内容

不同类型的训练课有不同的训练目标与重点内容，所要培养的竞技能力各有不同，要提高训练课质量，达到预期的训练目标，就必须以不同类型训练课的特点和要求为依据对训练课的内容进行选择与安排。

1. 体能训练课

练习内容安排原则如下。

（1）速度素质、柔韧素质、灵敏和协调性等练习内容安排在训练课基本部分的开始阶段。

（2）快速力量（爆发力）、速度耐力素质的练习内容安排在基本部分的中段。

（3）有氧耐力或力量耐力素质的练习内容安排在基本部分的末尾阶段。

2. 技术与战术训练课

技战术训练课内容安排原则如下。

（1）新技术训练安排在前，巩固或提高的技术训练安排在后。

（2）单个技术训练内容安排在前，组合技术训练内容安排在后。

（3）简单的技战术训练内容安排在前，复杂的技战术训练内容安排在后。

（4）技战术动作方法掌握的训练内容安排在前，技战术动作运用的训练内容安排在后。

3. 综合训练课

综合训练课练习内容的安排原则如下。

（1）技术和战术训练的综合课

技术训练在前，战术训练在后。

（2）技术和体能训练的综合课

速度、灵敏和柔韧性素质的训练在技术训练前，力量、耐力性素质的训练在技术训练之后。

（3）战术和体能训练的综合课

同技术和体能训练综合课的安排顺序。

（4）技术、战术、体能训练的综合课

速度、灵敏、柔韧等素质的训练在技术训练之前；技术训练在战术训练前；战术训练在力量、耐力等素质的训练之前。

4. 比赛课

比赛课内容的安排以训练课目标为依据。

二、足球训练课方法的设计

（一）足球训练课方法设计的原则

1. 足球专项指向性原则

足球训练课中，必须采用具有明显“足球倾向性”的训练方法与手段，以便直接、有效解决“足球”的问题。例如，足球训练中如果经常采用活动方向固定、匀速周期性运动的12分钟跑的持续训练法，就对解决学生的有氧耐力问题缺乏明显的“足球倾向性”。因为这种训练方法不符合学生在实际比赛中的身体活动及供能特点，足球比赛没有固定跑道，方向也不固定，也不是周期运动，运动长期采用这种方法具有局限性。

2. 认知能力与训练水平的针对性原则

足球训练中采用的训练方法应与学生的认知特点、接受能力相符，能够使其尽快地领会、掌握与操作，顺利进入练习状态。如果训练方法与学生的认知、接受能力不吻合，过于烦琐、复杂，会使学生的注意力白白耗费在熟悉训练方式和方法本身上，这不利于足球练习活动的有效展开。

3. 训练内容、方法的针对性原则

学习与掌握复杂的足球技术动作或战术配合，适合采用先分解、后完整的训练方法。综合发展运动员的竞技能力并实现其各种竞技能力的最佳匹配，采用比赛法最能达此训练目的。然而，旨在提高运动员短距离冲刺跑速度或快速爆发性力量的训练，采用持续训练法一般难以获得良好的训练效果。因此，教练员应针对训练内容的特点确定训练课方法。

（二）足球训练课常用训练方法的适用范围

1. 完整训练法

完整训练法在足球训练中适用于以下几种情况。

（1）练习难度较小或不宜进行分解的练习活动，如身体各部位的接、停球；运控球；传切配合或二过一战术配合等。

（2）连贯性强的或多元组合技术练习，如运球过人突破；接球摆脱；射门、抢截球中的踢或头顶球。

（3）发展与提高局部或整体攻防战术能力的练习。

2. 分解训练法

分解训练法在足球训练中适用于以下几种情况。

（1）动作较复杂的基本技术练习，如脚背内、外侧踢球；凌空踢球；空中或鱼跃头顶球等。

（2）高难复杂的关键动作环节，如凌空踢球的摆腿与击球技术动作环节；头顶球的背弓或侧转振摆发力与跃起空中击球和着地技术动作环节；踢球腿的击球与摆腿技术动作环节等。

（3）练习人数较多，练习区域面较大的大局部或整体攻防战术训练中。

3. 持续训练法

在足球训练实践中，持续训练法经常同发展性、强化性间歇训练法结合应用。其具有适用于以下几种情况。

（1）用于熟悉某种战术配合或攻防打法的练习活动。

（2）发展与提高学生在较大强度负荷下完成与运用技战术动作的熟练性、衔接性的练习活动，如单个技术（运球、传球、接球、头顶球与射门等）或组合技术的反复持续性练习。

（3）发展与提高学生完成激烈对抗活动的持久性、技战术动作运用的稳定性的练习活动。

4. 间歇训练法

（1）提高学生在较高负荷强度条件下完成技战术配合的熟练性与稳定性的各种局部逼迫性的 2 对 2、3 对 3、4 对 4 的练习；门前 30 米区域内的各种攻防战术的配合练习等。

（2）发展学生有氧供能及有氧运动强度能力的各种身体技、战术练习。

（3）对速度与速度耐力要求高的连续攻防技、战术练习，如连续 1 对 1 运球过人突破与盯防；连续多球多点射门；连续多点抢断、铲球、头顶球等。

三、足球训练课负荷的设计

（一）影响足球训练课负荷的因素

负荷量与负荷强度是训练负荷的两个主要因素，二者相互依存、相互影响。调控足球训练课的负荷量度需要以负荷量与负荷强度之间的联系与变化为依据进行，从而实现对足球训练负荷的科学控制。

影响足球训练课负荷的因素见表 5-4。

表 5-4　足球训练课负荷的主要影响因素

影响训练课负荷量大小的主要因素	影响训练课负荷强度大小的主要因素
训练课时间	练习人数与练习组数
重复练习的次 / 组数	练习用球
练习距离	练习负荷的持续时间
练习场地	练习间隔
练习人数	练习难度
负荷重量	练习速度
训练器材与设施的数量	练习用力程度
	练习对抗程度
	训练课运动密度

（二）足球训练课负荷设计的原则

1. 适宜负荷原则

在足球训练课中，设计训练负荷需要遵循适宜负荷原则，具体要求如下。

（1）把握学生的即时竞技能力状态

准确诊断学生的现实训练水平，对其即时竞技能力状态及时把握。如果学生训练水平较高，即时竞技能力状态良好，其承受训练负荷的能力就较强，这是确定训练课负荷大小的主要依据。

（2）科学探求学生个体与球队整体的负荷量度的临界值

负荷量度的增加与学生承受能力的极限越接近，就越能对学生的运动潜能进行充分挖掘，训练效果就越明显。掌握学生个体的负荷极限水平，以此推断球队整体的极限负荷区间，能够为大负荷足球训练课的有效实施提供依据。

（3）对两次训练课之间的负荷关系进行正确处理

前次训练课负荷量度的大小和负荷后的恢复程度对学生在下一训练课次的负荷承受能力有直接影响，确定训练课负荷大小必须对这一因素加以考虑。

（4）对负荷与恢复的关系进行正确处理

没有负荷就没有训练，而负荷后没有恢复就会对后续练习的有效负荷能力产生直接影响。教练员必须将训练课中负荷与恢复的协同效应重视起来，在计划训练课负荷的同时，必须考虑各负荷练习之间和结束训练活动后学生的及时恢复问题。

2. 训练的周期性原则

学生机体能力的变化、竞技状态的发展具有周期性。通过训练所要发展的各种体能、技能和心理能力的结构本身也具有特定的层次性，足球训练活动的周期性特点要求对足球训练课负荷量度进行合理确定与控制。

（1）在比赛准备期的初始训练阶段，训练课的负荷量较大，强度相对较小。

（2）随着准备期训练活动的深入，在保持大训练负荷量的基础上逐步提高训练课负荷强度。

（3）在准备后期训练阶段（赛前强化训练阶段），训练负荷强度逐步提高，负荷量相对减小而强度较大，甚至超过比赛的负荷强度。

（4）临赛训练阶段，训练课负荷量明显下降，但负荷强度水平应与比赛保持接近。

（5）比赛期各次比赛间歇之间的训练课负荷量相对较小，但负荷强度水平必须与比赛负荷强度保持相适应。

（6）休整期足球训练课中，负荷量和强度都应减小，以促进学生机体的恢复。

3. 循序渐进原则

学生的机体各器官系统需要一个渐进适应的过程才能达到

最佳机能状态，随着训练活动的逐渐深入，训练课负荷也应渐进增加。从小到大，由低到高是足球训练课负荷变化的总体趋势，但这种负荷量度的增加是呈波浪式或阶梯式推进的，负荷节奏变化明显。训练课不同阶段的负荷安排如下。

（1）热身与引导训练阶段

训练负荷应平稳增加，负荷量是主要负荷因素，强度较小，在引导阶段的后部分出现负荷的小高峰，形成第一个训练负荷台阶。

（2）主体训练阶段

训练负荷大体上至少应呈现两个负荷台阶的变化。即训练学习阶段的负荷量度均有明显的增强，根据不同训练内容，负荷量与强度的变化相互交错，但负荷强度有显著的上升走势，在学习阶段的中后部分出现第二个较大的负荷高峰。

（3）运用与巩固阶段

这一时期的训练负荷是整个训练课负荷的最高峰阶段，训练负荷量，特别是负荷强度一般与比赛负荷水平接近或达到比赛水平，其大负荷连续完成练习的持续时间也相对较长，形成训练课的负荷高峰。

（4）恢复放松训练阶段

这一阶段的训练负荷量度明显降低，负荷强度显著下降，逐渐滑向负荷的低谷，过渡到训练课负荷前的身体机能水平。但这种高低负荷的过渡必须使进行恢复训练的持续时间得到有效的保证。

4. 考虑训练内容负荷特点的原则

在足球训练课中，设计训练负荷需要对训练内容的负荷特点加以考虑，不同训练内容的负荷安排如下。

（1）身体训练

身体素质训练课的负荷量与负荷强度一般都比较大，尤其在许多时候需要追求负荷极限以最大化地提高身体训练效益。教练员应根据足球比赛和某种身体素质发展的需要对训练课负荷进行确定。一般在有氧能力训练中,在负荷强度一定的条件下侧重对练习持续时间或活动距离的追求,在无氧能力训练中,在负荷量一定的条件下,侧重对练习速度、高度、难度的追求。

(2)技术训练

技术训练课中的负荷强度一般较小。教练员应重视加强练习负荷量,在合理范围内增加练习重复次数(400次以上),促进练习负荷强度的提高。

(3)战术训练

战术训练课中的负荷量与强度一般比技术训练课稍大。在战术训练课中设计训练负荷仍然需要考虑合理地、最大限度地增加练习重复次数,足球主要战术训练的重复次数至少为300次。

(4)对抗训练

对抗训练课的训练目的是提高学生的技、战术实战运用能力,因此训练负荷量总体上应与实际比赛的负荷量度相接近,甚至超过比赛的负荷量,以更好地提高学生的技、战术运用能力和实战技能。一般来说,用于形成和发展技战术运用能力的对抗练习的负荷强度相对稍小,负荷量较充分。用于巩固和提高技、战术运用能力的对抗练习则负荷较大。

5. 比赛需要原则

足球训练课负荷的设计必须符合实际比赛的需求,这是足球比赛负荷特点的基本要求。足球比赛的负荷特点表现在以下几方面。

(1)在各种有球对抗状态下运动员个体的负荷方式特点。

(2)小间歇而反复完成较大负荷强度的负荷特点。

(3)中低负荷强度相互交替的负荷特点。

(4)为获得或保持控球权而展开全队局部或整体的各种攻防对抗活动的负荷方式特点。

四、足球训练课中攻防目标的设计

足球运动训练中，确立攻防目标可以指引训练活动的基本方向，在攻防目标的指引下，学生获得的各种比赛能力具有明确的方向性，对各种技、战术方法的运用就会与比赛的实际更贴近。根据足球运动训练课的目标对攻防目标进行合理设计是教练员必备的专业素质，设计攻防目标有助于促进预期训练目标的实现。

（一）有明确攻防目标的设计

有明确攻防目标的练习有利于促进学生攻防活动的方向感、区域感的增强，有助于提高学生技、战术运用的目的性，提高学生的射门意识及射门能力。

足球运动训练中，球门以及其他目标物、目标人都可以作为攻防目标，球门可以是比赛标准球门，也可以是各种形式的小球门，场上的某一线段、某一区域也可以作为攻防目标。攻防目标可大可小，目标数量可多可少。对攻防目标的方位、大小、数量进行设计，主要是看其是否有利于训练课目标的实现。

1. 单攻防目标

为促进学生局部攻防技战术能力的提高，通常要组织固定套路的练习、各种对等或不对等人数半场攻守练习、运球过人突破或射门练习等，这些练习中适合设计单攻防目标。

2. 双攻防目标

双攻防目标包含的比赛攻防信息比较全面，适合在攻防僵持与转换能力发展和提高的练习中如 2 对 2、3 对 3、5 对 4 等攻防战术练习中设计该目标。

3. 多攻防目标

多个攻防目标的训练活动的动态性强，适合于形成与发展攻防点、面的合理选择和及时转移攻防重心能力的训练活动，有利于促进比赛灵活性、整体流动性的提高。

4. 较小攻防目标

常见的较小攻防目标有以下几种。

(1)由标志杆或标志盘构成的较小攻防目标等。

(2)练习中所用的超小球门。

(3)5 人制、7 人制比赛小球门。

5. 较大攻防目标

设置较大攻防目标为学生提供了更多的进攻渗透突破与射门得分的有利机会,使得在要害防守区域保护、补位与协防的难度增加了,因而在发展与提高门前罚球区附近区域的攻防能力的训练活动中适合设计较大的攻防目标。

由于命中目标的难度较大,因而对练习的准确性与精确度提出了较高要求。这就要求在技术训练方面提高学生对传球与射门技术完成与运用的准确性,在战术训练方面要提高学生在进攻结束阶段的战术配合技巧与熟练性。

(二)无明确攻防目标的设计

为了使学生顺利完成足球训练活动,可简化练习条件、降低练习难度,不对具体攻防目标作要求。但低难度的训练活动一般仅适用于训练水平较低的学生。此外,在足球基本技、战术动作的学习与掌握的练习活动中,在发展学生技、战术动作完成能力的练习中,也可以降低练习的难度,安排简单条件下的练习。需要注意的是,随着学生练习水平的提高和技战术运用熟练性的提高,要不断明确攻防目标要求,增加练习难度,将练习条件复杂化。

(三)攻防目标设置方位的设计

攻防目标的方向与位置是对足球训练活动方向的基本定位,同时也对完成训练活动的时空特点有决定性影响。

攻防目标设置方位的设计见表5–5。

表5–5　足球攻防目标设置方位的设计

设计类型	时空特点	适用范围
场地两端中间相对而立，直线相距较短的两个攻防目标的设置示例图： 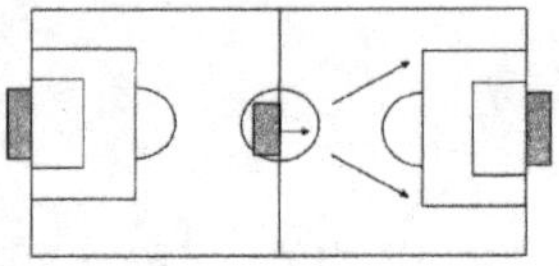	纵深较短、横向活动空间较大，练习中能更多、更快地出现最后一击的进攻局面，而且攻防转换更加频繁、快速而直接	(1)发展与提高拉开宽度，迂回进攻能力的攻防对抗练习中 (2)形成与提高快速攻防转换的意识及能力的攻防对抗练习中 (3)发展与提高捕捉门前进攻战机和要害区域的防守能力的攻防对抗练习，有助于提高学生的射门意识和远射能力中
置于场地一端左右侧的两个或全场四个攻防目标的设置示例图： 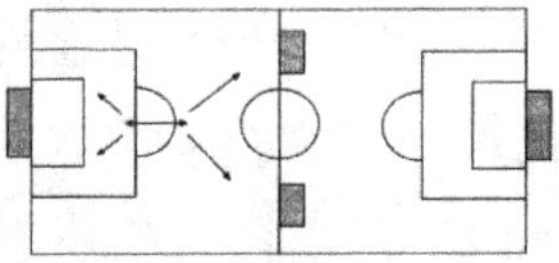 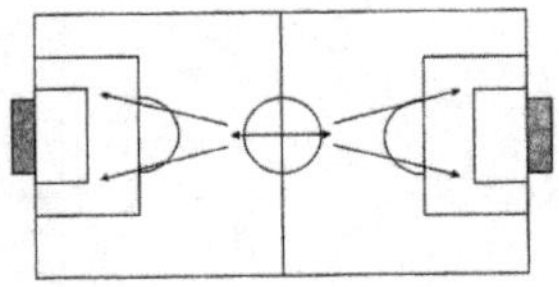	两个边路区域的攻防时空间较紧迫，中路攻防时空回旋余地较大	(1)提高边转边、中路向两侧边路过渡性转移进攻能力和及时、有效地转移防守重心能力的练习活动中 (2)强化边路攻防意识、改进与提高边路攻防能力的攻防对抗练习活动中
边路区域边、中两个攻防目标的设置示例图： 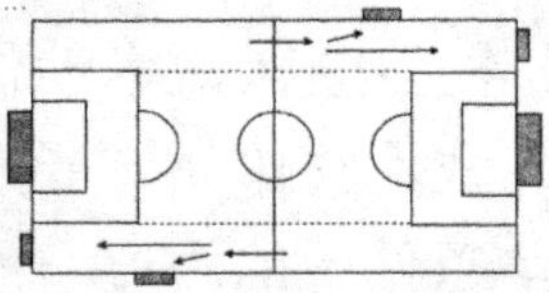 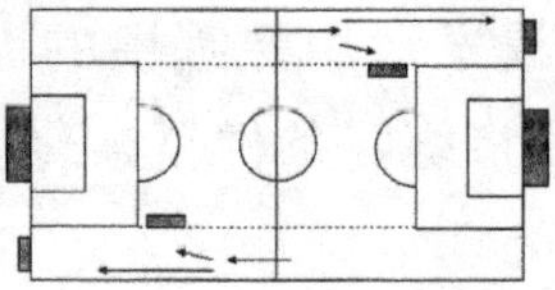	纵深相对较大，横向宽度相对较小	1. 左、中两个攻防目标的设置 (1)提高边路个人或两人之间的纵深进攻能力的练习活动中 (2)提高边路个人或两人之间正面或身后纵深防守能力的练习活动中 2. 右、中两个攻防目标的设置 (1)提高边路个人或两人之间内外线结合的纵深防守能力的练习活动中 (2)提高个人或两人之间的边路内外线结合的纵深与有限宽度进攻能力的练习活动中

续表

设计类型	时空特点	适用范围
置于场地两边与端线中间呈三角形的三个或全场六个攻防目标设置示例图： 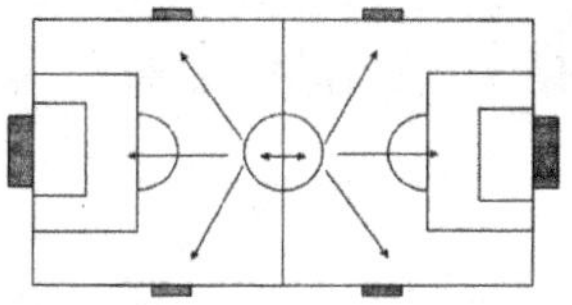	立体攻防时空间紧迫	（1）提高快速调动防守重心，及时形成局部或整体有效防守队形，实施立体逼迫式盯人的协防意识及能力的练习活动中 （2）提高局部或整体攻防的协调性、灵活性及应变能力的练习活动中 （3）强化边中结合，中边结合和中路渗透的立体进攻意识及能力的练习活动中

第三节 足球运动训练课的科学指导

足球运动训练课中，教练员要科学指导学生的训练活动，就要掌握训练指导的基本策略与基本方法，这是教练员有的放矢、卓有成效地进行训练指导的关键，因此必须认真学习与重点掌握，并在具体的训练指导中对此加以运用。

一、足球训练指导的基本策略

（一）围绕足球训练课目标进行指导

足球教练员应在足球训练主题的内容范围内实施指导，训练课所要解决的主要问题是重点指导内容，对与训练主题没有直接关系或太大关系的问题，简单指导即可，可不做详细指导。例如，训练目标是提高学生短距离传接球能力，则训练指导这方面的内容，简单指导运球过人出现的问题。同时，训练指导内容的层次深度也应把握在恰当的深度范围，即训练活动的完成基本达到了训练课目标的要求，在这方面的训练指导便不宜再深入进行，留待下课次相同内容练习中进一步解决。

（二）抓住训练主题的关键问题进行重点指导

教练员对学生的泛泛指导很难使预期的训练课目标有效实现。训练指导工作的开展必须将直接影响练习活动完成的有效性的关键、难点和典型问题环节作为重点针对性内容，训练指导以点带面，重点突破，才能增强指导效力，取得好的指导效果。

（三）区别对待地进行指导

教练员应善于根据学生的年龄、训练水平和个性特征等进行个体性指导。

（1）对训练水平较高，理解与接受能力较强的学生，适宜在示范演示的同时结合相关概念与专业术语进行指导。

（2）对低年龄段或训练水平不高的学生，以生动形象的讲解和具体、形象的动作示范演示相结合的方式进行指导。

（3）对训练基础较差或性格内向，自尊心强的学生，过多地在集体场合指导是不合适的，要以个别指导为主，指导用语要温和，否则会使学生感到自卑。

（四）把握好训练指导度

足球教练员在训练指导中应合理掌握指导时机、方式、频率和指导力度，在必须的前提下使训练活动的连续性和有效练习时间得到最大限度的保持，使训练课目标的顺利实现得到可靠的保证。具体从以下几方面来把握指导度。

（1）对足球训练主题范围内的问题进行简洁指导，要起到提纲挈领的作用。

（2）对足球训练中的关键与重点问题进行详细指导。

（3）对学生普遍存在的问题进行及时指导和集体指导。

（4）针对学生的个体差异进行个别指导。

（五）指导中结合互动性与权威性

科学的训练指导能唤起与激发学生积极的训练动机，充分发挥学生的主观能动性，使学生自觉参与足球练习活动，为了达到这一目标，要求教练员在实施指导前，应向学生明确练习目的、作用与基本要求，合理把握训练指导的力度，为学生留下思考空间，并对适当的练习问题情境进行合理的设置，使学生积极思考，提高其解决问题的能力。

此外，教练员同时要重视学生骨干或足球特长生的辅助指导作用，营造群体互帮互学的训练活动氛围，使其充分发挥自己的主体作用和主观能动性。

二、不同阶段足球训练的指导方法

足球训练课中，教练员正确的训练指导策略是通过具体的指导方法体现出来的。足球训练课可分为热身活动、引导学习、学习、巩固与提高四个不同的阶段，不同阶段的指导应有不同的侧重，应体现不同阶段的练习特点。教练员应随着练习阶段的不断推进，依据不同训练阶段的目标、任务、内容等有针对性地进行指导。

（一）热身活动的指导方法

在足球热身阶段进行训练指导，主要是为了使学生的神经肌肉系统和内脏器官功能同步进入良好的工作准备状态，这时适合采用"隐性"的指导方式。

（1）概括地讲明练习内容、练习方式与要求。

（2）采用简短的提示性语言和口令、哨音、手势或领做等指导手段控制学生的热身活动，不要让学生的练习活动中断。

（3）学生在热身阶段的生理惰性较大，教练员应针对练习活动的适宜动态性进行相关训练指导，完成练习的速度、动作幅度与节奏的合理控制等是重点指导方面。

（二）引导学习阶段的指导方法

在引导学习阶段对学生进行指导，主要是为了使其尽快进入尝试性练习状态，这时适合采用“引导性”指导方式。

（1）简要演示或讲解练习内容、练习方式方法，粗略、简单地提出练习要求。

（2）训练指导不必过多过细。指导力度一般控制在初步形成特定练习的基本轮廓或练习的大模样即可，营造宽松的练习氛围，确保学生尝试性练习的流畅性，使学生的身体活动更具有动态性。

（三）学习阶段的指导方法

学习阶段是足球训练课中最主要的一个阶段，一般采用个别或分组巡回的指导方式。在个别重要环节需要采用提示性讲解示范的指导方式。

在学习阶段指导学生的练习，主要是为了使学生在特定问题情境中掌握技、战术动作，提高其动作完成的准确性、规范性和合理性，因此适合采用“显性”指导方式。具体要求如下。

1. 明确方向，围绕训练主题进行指导

教练员要直截了当地指导，以便有效地解决当前的主要问题。对练习活动中必然出现的非训练主题问题一般可忽略，不予指导，集中精力进行相关问题指导。

2. 抓住训练主题的重点与关键问题

教练员要正确、明晰地讲解那些直接影响练习活动有效性的重要问题，并准确进行动作示范，教练员的练习观察、纠错等指导活动也应以此为重点而展开。

3. 详细提出更高的训练要求

在学习阶段,必须对学生完成练习活动的细节和质量提出更高的要求,包括完成特定练习的动作方法及要领与技、战术动作合理运用的细节。

4. 合理控制训练负荷与学生练习活动的自由度

教练员严格地约束与管理那些影响训练活动有序性和适宜训练负荷的负面因素,对练习要求及组织形式都要进行严格管理,提高训练活动的有效性、有序性。

此外,教练员尽可能不要过多干预或中断学生的练习活动,要不断增加练习的重复次数,确保学习阶段的训练效果。

(四)巩固与提高阶段的指导方法

在巩固与提高阶段进行训练指导,主要是为了使学生运用所学知识与技能解决当前的实际比赛问题,实现足球基本技能向实战技能的及时转化。此时需要采用"隐性"与"显性"相结合的方式进行指导,具体要求如下。

1. 紧扣训练主题

在指导过程中,采用"冻结"再现重复法指导主题训练内容运用的典型局面或经典战例。即中止练习,定格于某一特定瞬间的练习局面,对这一局面进行强化或指正,然后经过多次重复的练习合理发展该局面,最后使学生恢复自然练习状态。.

2. 凸显训练主题

足球特定训练课目标的对抗或练习比赛活动必须含有更多的训练主题内容运用的信息,这一方面有赖于教练员精心进行训练设计,更有赖于教练员在训练实践中针对对抗活动采用特定条件练习法和增减对抗练习信息的方法来对练习的问题情境和完成练习的主要方法进行控制。

3. 按训练计划进行指导

教练员严格要求学生按照已经制定的规则和要求进行对抗练习活动,以保证学生能切身感受主题训练问题情境,并在这种情境中达到强化的学习目标。

4. 提高对抗练习活动的真实性与流畅性

在巩固与提高阶段,要增强练习活动的对抗程度,以便提高学生的实战能力和比赛能力,对此,教练员必须要求学生全力投入对抗练习中。教练员不要轻易中断练习,以免破坏练习的流畅性,要在学生进行练习的过程中或练习间歇进行个别交流或进行语言提示性指导,最大限度地让学生感受与体会比赛的真实性与对抗激烈性。

第六章　学校足球运动课程技术教学设计

对于体育运动项目来说,无论是进行训练和比赛,还是进行身体锻炼,掌握好相应的技术都是非常重要的,只有掌握好技术才能获得理想的训练效果和运动成绩,这对于足球运动来说也是如此。本章就学校足球运动课程技术教学设计进行论述,内容包括足球技术基本理论分析、有球技术教学设计和无球技术教学设计。

第一节　足球技术的基本理论分析

一、足球技术的概念

足球技术是指在足球比赛中,运动员所采用各种合理动作的统称,它是在足球运动训练和比赛中,运动员逐步形成、发展、丰富和完善起来的。

随着现代足球比赛变得日趋激烈,足球比赛中的攻防节奏也不断加快,当前流行的全攻全守的打法,需要运动员具备完备的进攻技术和防守技术,要求也在不断提高。所以,现代足球运动技术也逐渐朝着快速、全面、实用、准确的方向发展。

二、足球技术的分类

足球运动技术复杂多样,在学习和掌握方面,也对学练者提出了较高的要求。对于足球技术的学习和掌握,除了要掌握好对球的支配和争抢等相关技术动作之外，还要根据比赛中队员的位置分布以及技术特点，在比赛中将这些技术动作加以合理运用。

足球技术根据运动员在比赛场上的具体位置和分工情况可以分为锋卫队员技术和守门员技术两大类。在足球比赛中，既需要有同球相结合的技术动作，同时还要完成许多无球技术动作。一般来说，足球技术还可以分为有球技术和无球技术两大类（图6-1）。

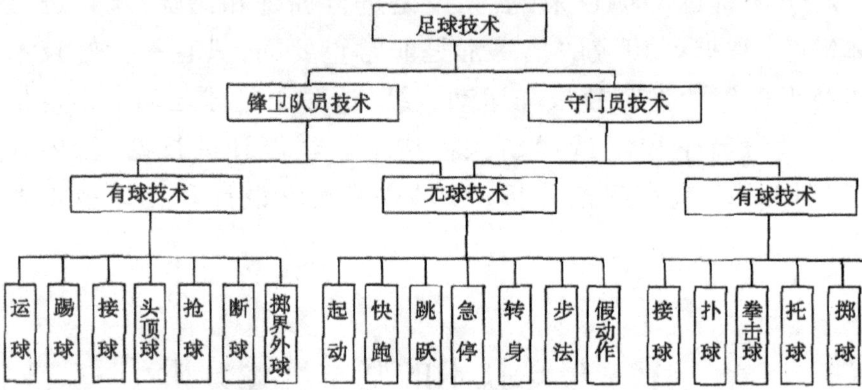

图 6-1

第二节　有球技术教学设计

一、足球有球基本技术教学解析

（一）传接球技术

1. 传球技术

对于足球运动来说，传球技术是其中最为基本、最为重要的一项技术，它是足球运动员开展配合和协作的基本技术，无论是在防守还是进攻方面，都需要有传球技术进行配合和支撑。在传球的过程中，注意传球动作要尽量快速，并根据场上同伴的位置以及具体情况进行灵活传球，尽量不要让对方捕捉到传球意图。

2. 接球技术

（1）脚背正面接球

以右脚接球为例，左脚支撑体重，右脚上抬接球，脚背触球后右腿收回（图 6–2）。

图 6–2

（2）脚内侧接球

①脚内侧接地滚球

以右脚接球为例，屈右膝，右脚稍抬离地面，触球后右脚着地，并稍向上提，使球向身体侧对方向缓缓滚进（图 6–3）。

图 6–3

②脚内侧接反弹球

以右脚接球为例，抬右脚，右脚内侧触球的同时稍下压，使球落在脚前（图 6–4）。

图 6–4

③脚内侧接空中球

以右脚接球为例，上翘右脚脚尖，右脚内侧触球后下压，使球落在脚前（图 6–5）。

图 6–5

（3）胸部接球

①挺胸接球

面向来球，屈膝后仰；胸部触球时，挺胸抬脚跟，使球落在胸部（图 6–6）。

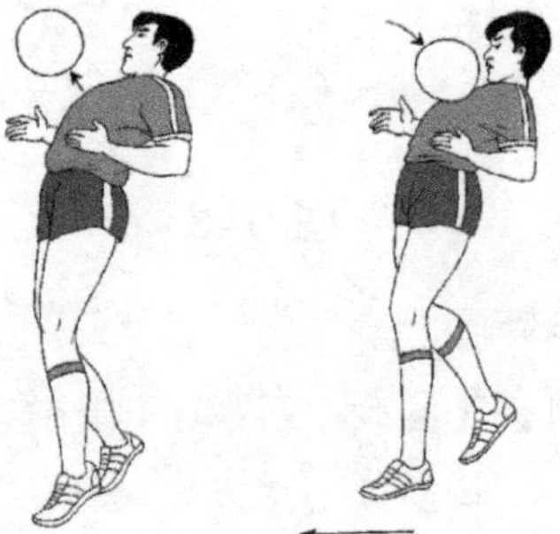

图 6–6

②收胸接球

正对来球，挺胸做好迎球准备，胸部触球时，收胸扣压球，使球从胸前落到脚下（图 6–7）。

图 6–7

（4）大腿接球

以右腿接球为例，抬右腿，大腿触球时，右脚落地，使球成功落在脚下（图 6–8）。

图 6–8

（二）运球技术

以运球过人为例来分析运动技术动作。

逼近防守者，注意对球的保护与控制。过人时下移重心，用假动作诱引对方移动，然后迅速摆脱防守者后向目标方向移动（图 6–9）。

图 6-9

（三）颠球技术

1. 大腿颠球

抬腿屈膝颠球，可单腿颠球，也可双腿交替颠球。颠球时，把腿抬到与髋关节齐平的高度是比较合理的。

2. 头部颠球

双脚分离，屈膝下蹲，用前额以适当的力度连续顶球下方。为维持身体的平衡，需张开双臂。

（四）踢球技术

1. 脚内侧踢球

（1）脚内侧踢定位球

以右脚踢球为例，先助跑，右脚脚尖正对目标方向，近球后，翘起右脚尖，脚掌平行于地面，以右脚内侧踢球。注意双臂配合脚上动作前后摆动（图 6-10）。

图 6-10

（2）脚内侧踢空中球

以右脚踢球为例，快速移动到位，抬右腿并向后摆动小腿，以脚内侧踢球的中部（图 6-11）。

图 6-11

2. 脚背内侧踢球

（1）脚背内侧踢定位球

以左脚踢球为例，斜线助跑，稍屈右膝，右脚尖对准目标方向，右侧小腿积极前摆，绷直脚面，右脚尖保持斜向下，以脚背内侧踢球的后中部（图 6-12）。

图 6-12

（2）脚背内侧削踢定位球

以右脚踢球为例，右腿屈膝，小腿前摆，脚尖对准目标方向，以脚背内侧踢球的后中部，注意右踝关节用力要到位（图 6–13）。

图 6–13

3. 脚背正面踢球

（1）脚背正面踢定位球

以右脚踢球为例，直线助跑，屈右膝，右腿后摆，接近球时，右小腿爆发式前摆，以脚背正面踢球后中部。然后身体继续前移，直至重心稳定，身体平衡（图 6–14）。

图 6–14

（2）脚背正面踢侧面半高球

以左脚踢球为例，身体侧对目标方向，身体右倾，抬左腿并快速向前摆动，以左脚脚背正面踢球中部（图 6–15）。

图 6-15

（3）脚背正面踢反弹球

以右脚踢球为例，身体正对反弹球的方向，球落地后，右腿快速前摆，以右脚脚背正面踢球中部（图 6-16），为了避免出球太高，需对小腿的前摆幅度进行控制。

图 6-16

（4）脚背正面踢倒勾球

以右脚踢球为例，快速移动到位，左膝微屈，上体后仰，右腿向上方摆，当球临近时，以右脚脚背正面踢球后部，将球踢向身后（图 6-17）。

图 6-17

（5）搓击球

用脚背正面和脚趾连接部位接触球就是搓击球。以右脚踢球为例，当脚插入球下部触球的刹那，右脚背屈，右小腿急速向下提摆，使球回旋（图 6-18）。

图 6-18

（五）头顶球技术

1. 前额正面头顶球

（1）原地顶球

面向来球，屈膝并张开两臂，来球靠近时，及时向前摆体，同时颈部快速振摆，用前额正面击球并将球顶出（图 6-19）。

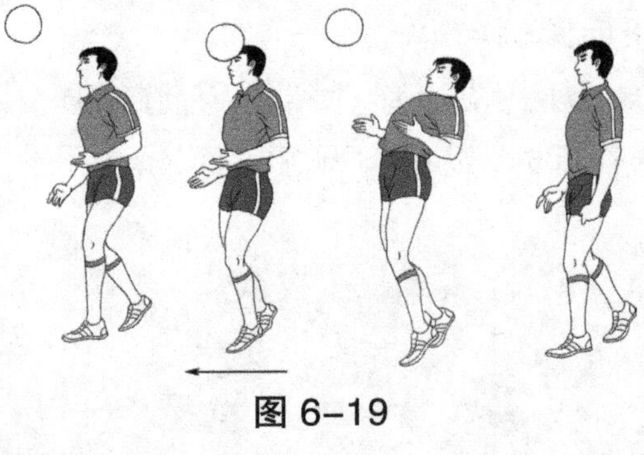

图 6-19

（2）原地跳起顶球

屈膝后双脚用力向上起跳，两臂同时前摆，挺胸展腹，张开双臂，来球接近时，收腹，上体前摆用前额正面将球顶出。之后屈膝屈踝落地，保持身体平衡（图 6-20）。

图 6-20

（3）鱼跃头顶球

身体面向来球，双脚用力前蹬，两臂前展，水平跃出（手掌触地），用前额正面将球顶出（图 6-21）。

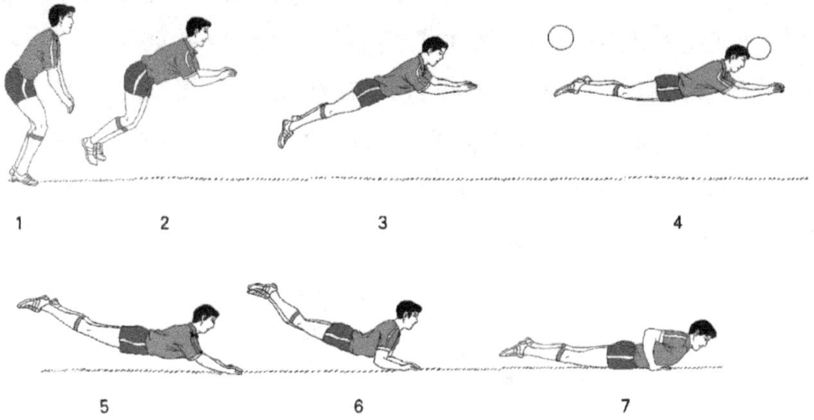

图 6-21

2. 前额侧面顶球

以前额侧面跳起顶球为例来解析前额侧面顶球技术。

方法类似于前额正面跳起顶球，不同的是，这一头顶球技术有一个回旋转体的环节，即上体起跳上升的同时向顶球方向的反方向回旋转体，来球靠近后，用前额侧面顶球（图 6-22）。

图 6-22

（六）掷界外球技术

1. 原地掷界外球

与出球方向面对，两脚开立（前后或左右），两只脚都要有一部分站立在边线上或边线外。弯曲膝关节，向后仰上体，后脚支撑身体重心（左右开立时，重心置于两脚间），自然张开两手，拇指相对，持球的侧后部，肘部弯曲把球放在头后。掷球时，用力使后脚蹬地（或两脚蹬地），迅速伸直两腿，前脚开始支撑身体重心，腹部收缩身体弯曲，同时迅速向前摆动两臂。当球摆到头上时用力甩腕向场内掷球（图 6-23）。

图 6-23

2. 助跑掷界外球

两手持球置于胸前，在助跑迈出最后一步时，向后仰上体成背弓，同时上举球置于头后，掷球时的动作基本上与原地掷界外球动作一样。掷出球后，可以在地面上向前滑行后脚，但不能离开地面。

（七）足球守门员有球技术

1. 接球

（1）接地面球

①直腿式

与来球相对，双脚左右开立，直膝弯腰，掌心朝上接来球（图6–24）。

图 6–24

②跪撑式

以接左侧球为例，弯曲左腿，右腿跪撑在地面上，掌心朝上接来球（图 6–25）。

图 6–25

（2）接平空球

与来球相对，双脚左右开立，上体前倾，掌心向上接来球，将球抱在胸前（图 6–26）。

（3）接高空球

与来球相对，纵身起跳，同时举起两臂，以手指和手腕的力接来球，顺势落下抱球于胸前（图 6–27）。

图 6-26

图 6-27

2. 扑接球

（1）扑侧面球

异侧脚用力蹬地，迅速伸出两臂扑接球，两手分别位于球后和球侧后上方。接球后身体依次倒地，将球接稳后立即团身（图 6-28）。

图 6-28

（2）扑平空球

双脚用力蹬地起跳，身体在空中充分伸展，主要借助手指的力将球接住，球接稳后迅速团身（图 6-29）。

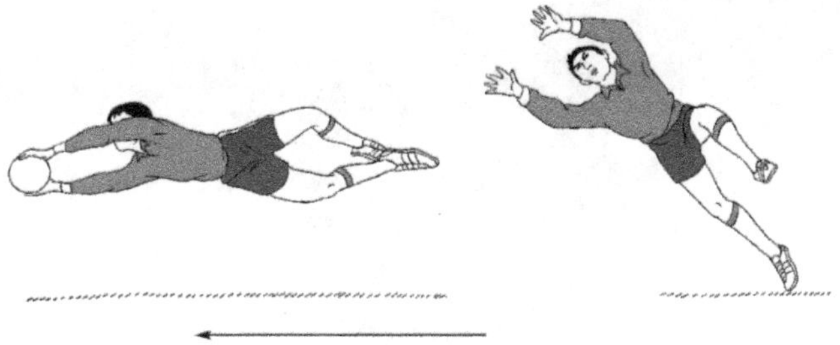

图 6-29

3. 托球

对来球运行轨迹进行准确的预判后，向后跃起，离球近的手臂后伸，稍微张开五指，以前掌托球（图 6-30）。

图 6-30

4. 拳击球

随来球运行轨迹进行准确的预判后，快速移动到位，手握拳，来球靠近后用拳将球击出。

守门员可以用单拳击球，也可以双拳击球，前一种方法能够产生很大的击球力量，而且比较灵活；后一种方法能够增加触球的面积，有比较高的准确性和把握。图 6-31 中左边的图为双拳击球，右边为单拳击球。

5. 发球

（1）手掷球

①单手肩上掷球

后腿用力蹬地，持球手后摆，转体挥臂同时甩腕，用力将球掷向目标方向（图 6-32）。

图 6-31

图 6-32

②侧身勾手掷球

球从异侧经头顶后将球掷向目标方向,采用这种方法发球,能够把球掷向更远的距离(图 6-33)。

图 6-33

(2)脚踢球

①踢空中球

踢空中球指的是先体前上抛球,在球下落到体前适宜的高度时踢球。

②踢反弹球

踢反弹球指的是在体前抛球，球落地并反弹后迅速将球向目标方向踢出。与前一种脚踢球的方法相比而言，这种方法在准确性、速度及隐蔽性方面更占优势。

二、足球有球技术训练方法

游戏训练是足球技术训练中非常重要的一项方法，采用游戏方法进行训练能够使运动员在轻松愉快的氛围中提高足球技术技能。下面主要从游戏的角度来解析足球有球技术的训练方法。

（一）传接球训练

1. 传球技术训练

（1）两人传球技术练习

①斜传直插传球练习：练习者 A、B 相距 8 ~ 10 米，A 直插接 B 的斜传球，然后 A 再斜传，由 B 插接球（图 6–34）。

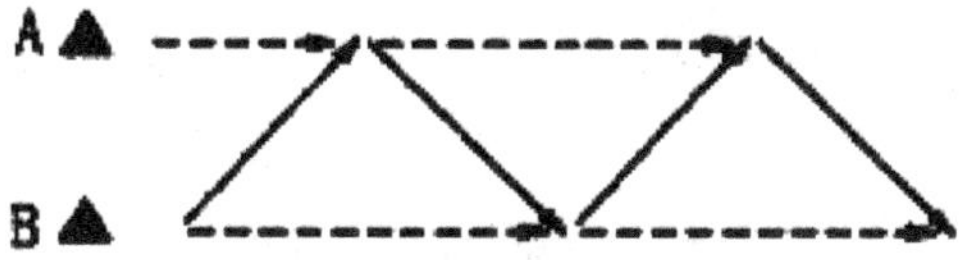

图 6–34

②直传斜插传球练习：练习者 A、B 相距 8 ~ 10 米，B 斜插接 A 的直传，A 传球后快速斜插，接 B 的横传球，再重复以上的练习（图 6–35）。

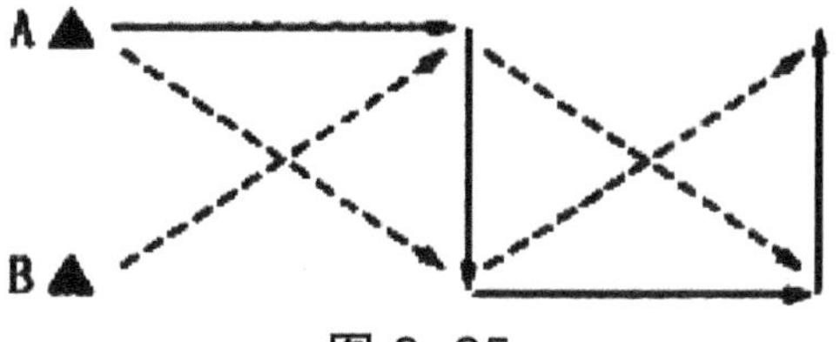

图 6–35

（2）3人传球技术练习

①练习者A与C相距20～30米，各持一球，B为中间接应人，A短传球给B，B迎球回传给A，返身迎C的短传球，并回传给C(图6-36)。以此重复练习。B可定时与A或C交换位置。

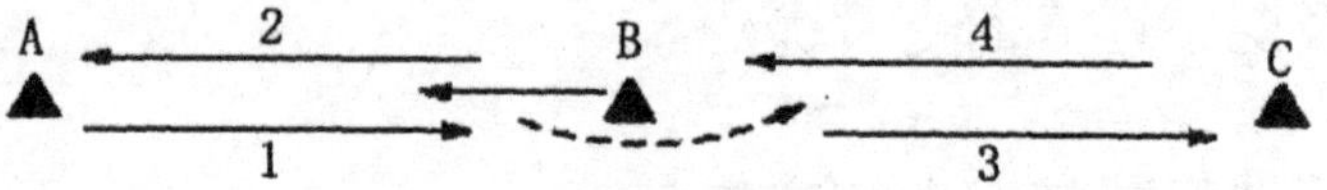

图 6-36

②练习者A与C相距25～30米，B为中间接应人，A长传球给C，C不停球传给迎上接应的B，B再回传给C，C再长传球给A，以此重复练习。B可定时与A或C交换位置(图6-37)。

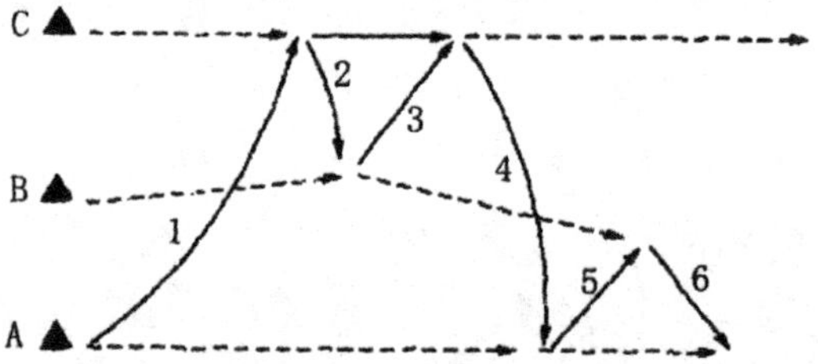

图 6-37

（3）多人传球技术练习

练习者分成两组，相距25～30米，A长传球给B，传球后前插接B的回传球，B传球后快速插上接A的横传球，B接球后再传给下一练习者C。A传球后跑步到对面的位置，B传球后跑步到对面的位置，以此重复练习(图6-38)。

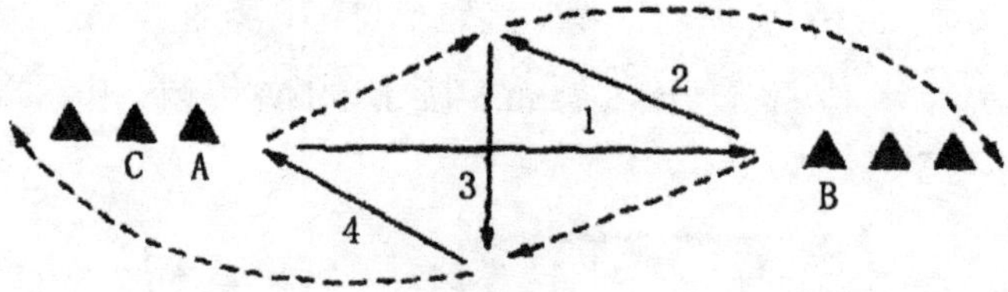

图 6-38

2. 接球技术训练

（1）将球踢高，然后进行接反弹球的各种练习。

（2）利用足球墙进行练习。通过足球墙对不同的接地滚球方法进行练习。开始原地接地滚球，然后迎上去接地滚球，或开始在脚下接地滚球，然后接在设想的适宜位置上去。根据需要增加踢球的力量，使反弹球速提高，也可以将接球难度提高。

（3）抛接球训练。二人一组，相距5米面对面站立，一人用手抛球，另一人练习接各种空中球（如大腿、腹部、胸部、头部），练一段时间，二人之间的距离可以增加，也可逐渐加大力量或增加旋转以接住不同的来球。

（4）接球稳定比赛。画一个圆圈，半径为2米。一组有5名运动员，每轮游戏需要两组运动员共同参加。开始游戏后，一组运动员传球，一组运动员接球。每次游戏分为5轮，每轮游戏开始时，接球组选一名运动员进入圆圈接球，传球组站在圆圈外，每人持一球传球给接球的运动员。负责接球的运动员成功接球一次得一分，接球游戏全部完成后，两组队员交换角色继续游戏。得分最高的一组获胜。

3. 传接球结合技术训练

（1）两人迎面传接球

①两人一组，二人面对面站立，相距5米左右，一人用手抛球，另一人接各种空中球的练习。

②两人一组，每组一球，两人相距10米进行传接球，队员用脚内侧接球，用同侧脚内侧传球。

③两人一组，二人相对站立，相距20米左右，相互做拨或扣球后用脚背内侧传空中球。

（2）两人跑动传接球

①跑动中直接传球。两人一组，相距10米左右，在跑动中直接传球给跑动中的同伴。传完球后再继续向前跑动。如此反复练习直至场地的另一端，然后再返回或者围绕足球场跑动传球。

②练习方法同上，但中间可设标杆或其他标志。传出的球要求穿过障碍。

（3）3 人跑动传接球

① 3 人一组，各相距 8 米左右，在跑动中两边的队员直接传球。然后三人轮换位置。开始可规定踢球方法、距离、跑动速度，然后逐渐采用多种踢球方法加长距离和加快速度。

②训练队员在配合中接应短传球和回追转身踢远传球。

③三个人在 20 米见方的场地中穿插跑动，并做传球和接球练习，两个人抢断球，开始消极抢，然后积极抢。

（二）运球训练

1. 运球技术的训练方法

（1）无对抗训练

①直线运球：两队纵向站位相距 10 ～ 30 米，一队队员直线运球传给另一队队员，另一队队员按照相同的方法传回，以此连续进行。

②“8”字运球：设两根旗杆，相距 5 ～ 8 米，一名运动员运球绕旗杆做“8”字运球，运回后传给其他队员，依次进行。

③圆周运球：运动员可沿中圈做圆周运球，运球一周后将球传给下一个队员，依次进行。

④曲线运球：设旗杆障碍若干，杆距 1.5 ～ 2 米，运动员曲线运球绕过旗杆障碍。

⑤变速运球：由运动员持球在一定范围内匀速运球，听教练员发出信号后即做变速运球。也可以旗杆为标记，规定在某段距离以慢速运球，在另一段为快速运球。

（2）对抗训练

①消极对抗训练：防守队员消极抢球，做各种防守动作来干扰控球队员的注意力。若防守队员向左侧跨步，控球队员应从右侧运球突破。练习中应要求队员牢牢控球于脚下，视情况迅速变向，运球突破时应加速超越防守队员。

②积极对抗训练：控球队员向位于中线的防守队员靠近，防

守队员只允许在线上左右移动。

2. 运球转身技术的训练方法

（1）无对抗训练

①无球模仿各种转身运球技术。

②每人一球，慢动作模仿转身运球技术。

③每人一球，在行进间运球，听教练员信号，做转身运球练习。

（2）对抗训练

①消极对抗训练：训练一：两人一球，一人消极防守，另一人进行各种转身运球练习；训练二：A、B、C、D 四人一组用两个球，进行各种转身练习。A、B 背对背站立，C、D 分别给 A、B 传球，A、B 接球转身之后，将球传给 D、C。到规定练习时间后交换位置。

②积极对抗练习：两人一球，无球者全力防守，控球者利用转身技术进行突破，成功一次得一分，得分高者胜。

3. 运球过人技术的训练方法

（1）内引外拨

用脚内侧做斜线内引运球，控制速度，运球平衡，当教练员发出信号，运动员快速改用脚外侧拨球，并起动加速跟上球，将球控制后再做斜线内引运球，以此重复练习。

（2）一攻一防

一人持球，一人防守进行过人突破练习，防守者可由消极防守逐步过渡到积极防守，可定时交换，也可谁控制球就由谁进攻，另一人防守。

（三）颠球训练

1．一人一球颠球

（1）原地颠球。每人一球用某一部位颠球，或用多部位颠球（如脚背正面和脚内侧交替进行）。亦可安排高、低交替颠球，让练习者用某个部位颠几次球后，用力将球颠高接着改颠低球，高高低低，反复交替进行。体会触球部位和力量，可增加难度，提高控球能力。

（2）行进间颠球。每人一球颠球向前移动，保持稳定性，尽量使球不落地。可由慢到快逐步提高练习难度。

2. 两人一球颠球

每人触球2～3次后，将球传给同伴，同伴接球后，颠球2～3次，再传回。也可以次数递增交换颠球。如甲颠一次击给乙，乙颠两次再击给甲，甲再颠三次击给乙，以此类推。

3. 四五人一组颠球

（1）四五人一组，围成一圈用两球颠球。可对每人触球的部位与次数进行规定，也可由个人对触球的次数和部位自由掌握。颠传时要集中注意力，避免将球传给正在颠球的队员。

（2）四五人一组一球，围圈颠传抢。规定一人在中间进行抢截，周围颠球者可颠传给同伴，待抢截者触到球和颠球者球落地，二者即交换角色。

（四）踢球训练

1. 脚内侧踢球技术的训练方法

（1）做向前跨一步的踢球模仿练习。

（2）一人脚底踩球，另一人做向前跨一步踢球练习和慢速助跑踢球练习。

（3）两人相距15米，中间放两个间隔1米宽的标志物，试着传球并从中间通过，成功一次得1分，先得10分者获胜。将标志物的间距缩小或加大，继续练习。

2. 脚背正面踢球技术的训练方法

（1）双手将球抛起，等球落至脚背上方，用脚背将球向上踢起，用手将球抓住，反复练习，体会击球时脚背的感觉以及正确的击球部位。

（2）两人一球，一人将球抛起用正脚背将球踢给对方，对方接球后用同样的方法将球踢回。

3. 脚背内侧踢球技术的训练方法

（1）对墙踢球。开始时距墙 5 ～ 10 米，用脚背内侧踢球注意开始时踢球力量小些，然后逐渐加长距离，加大踢球力量。

（2）进行踢远或踢准比赛。

4. 脚背外侧踢球训练方法

（1）对墙踢球。开始时距墙 5 ～ 10 米，用脚背外侧踢球注意开始时力量小些，然后逐渐加长距离，加大踢球力量。

（2）进行踢远或踢准比赛。

5. 踢球技术的综合练习

（1）踢固定球训练。一人把球踩在脚下，另一人用脚的不同部位踢球，体会脚的触球部位。

（2）对墙踢定位球训练。要求练习者面对墙，把球放在地上，然后跑上去轻轻用各种踢球技术动作对墙踢球（图 6–39）。开始时，离墙不要太远（5 米左右为宜）；用力不宜太大，踢一次等球弹回来用手接住后，放定了再踢第二次。如此反复训练。熟练后可逐渐加大离墙的距离和增大踢球的力量。主要体会踢球的全过程，重点在脚触球部位的正确性。注意踢地滚球，击球的后中部。如果墙高，可由踢地滚球逐步过渡到踢半高球。熟练后可用各种脚法连续踢球。

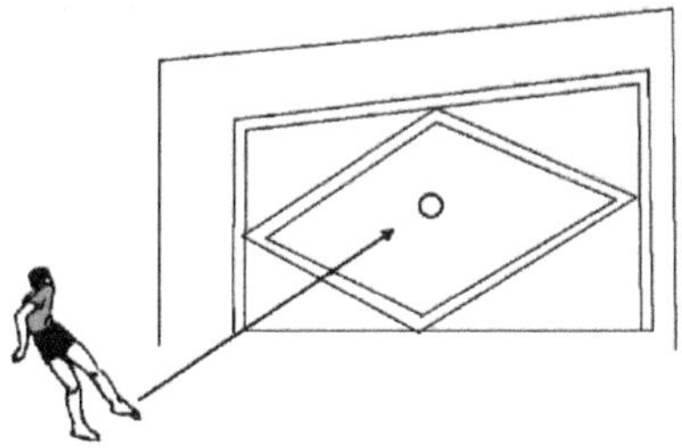

图 6–39

（3）射大球门训练。练习者站在罚球区线上，于门之间立两个小旗，踢定位球。先进行不规定射球门的方向，只要绕过小旗射中球门即可的训练。熟练后，再进行只准射球门的左（或右）半边，射球门的两个下角，最后再射球门的两个上角的训练。脚法可以不受限制（图 6–40）。

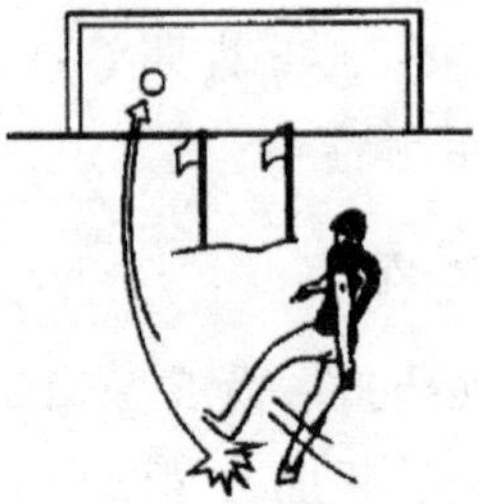

图 6–40

（五）头顶球训练

1. 前额正面顶球训练方法

（1）两人一组，一人双手将球向斜上方托起，另一人站在球的下方，用前额正面顶球。

（2）进行自抛自顶比赛，顶得远者获胜。

2. 前额侧面顶球训练方法

（1）3 人一组，站成三角形。一人抛球，一人顶球，一人接球。接球人变抛球人，抛球人变顶球人，顶球人变接球人，交换训练。

（2）在 40 米 ×50 米的场地内设两个球门，攻守双方各 6 人。守门员手抛球后，任何一方的球员都可用手将球接住，然后将球高抛给队友，该队友头球传给另一名同伴，该同伴用手接到球后，随即再将球高抛给另一名队友，该队友再用头球传给另一名同伴，直至头球射门。防守队员只能用头顶球抢断。

（六）掷界外球训练

（1）两人一球，相距 15 米，原地互掷界外球。

（2）两人一球，相距 25 米，两端设两条平行线，助跑互掷界外球。

（3）前场界外球战术练习。通过队员跑动，调动对方的防守，将球掷入空当，继续组织进攻；挑选掷球力量较大的队员，将球直接掷入罚球区内攻门；将球掷向近门柱的罚球区线附近，由身材高大的前锋将球蹭顶给罚球点附近的同伴攻击球门。

（七）足球守门员有球基本技术训练

1. 足球守门员基础技术训练

（1）接踢来球训练：要求守门员从蹲伏于地的队员身上跃过，依此来练习接踢来球。接踢来球训练方法是足球守门员需要掌握的一项基本技术。

（2）扑接脚下球训练：是队员运球直逼守门员，守门员选择最佳时机扑接脚下球的一种练习方法。对于足球守门员来说，扑接脚下球也是一项需要重点掌握的技术。

（3）扑接低平球训练：如图 6-41 所示，在松软的草皮或沙地上放置一个活动球门，在球门的两侧前方分别用 2 个圆锥形标志物做一个 2 米宽的小球门。在正对小球门 12 米远处各放一个圆锥形标志物，2 名队员各准备数个足球站在 2 个圆锥形标志物旁边，守门员则站在球门的中间。2 名发球队员轮流朝面向自己的小球门踢出低平球，守门员运用滑步将球扑出，然后迅速站起来去扑另一侧的来球，如此反复进行训练。

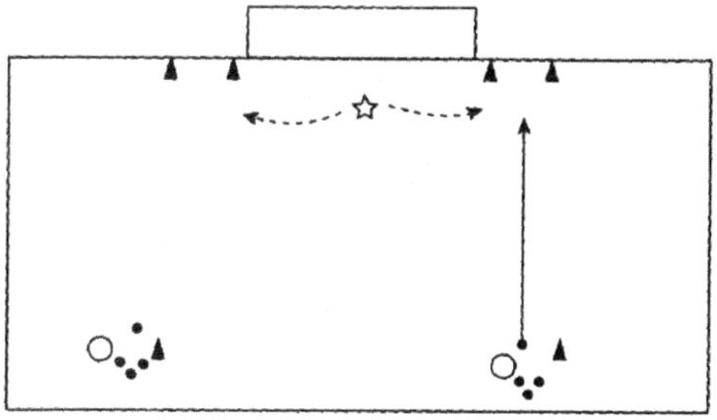

图 6-41

（4）吊球训练：在吊球训练中，可由无人干扰到一人或多人干扰，再过渡到对抗中完成动作。

（5）鱼跃扑高球训练：若干守门员站在蹲在地上的队员的左侧，教练员持球站在蹲地队员的前方 3 米处，并将球抛向蹲地队员的右侧，让守门员鱼跃过蹲地队员去扑球或拳击球（图 6–42）。

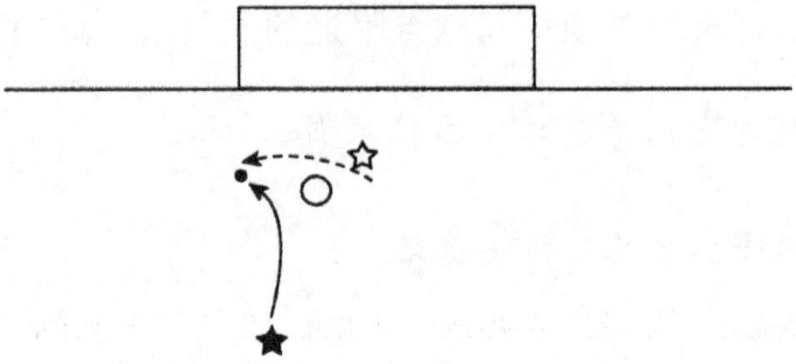

图 6–42

（6）连续扑接球训练：如图 6–43 所示，将练习者分为 5 人一组，每轮游戏有 2 组运动员参加。游戏开始，一组为射门组，一组为守门组。射门组的练习者每人持一球，将球平行摆放在罚球区的线上，完成连续 5 次射门。防守组每次选派一人站在球门内充当守门员，完成 5 次射门训练后双方交换角色。2 组都完成射门和守门后，游戏结束，进球最多的一组获胜。

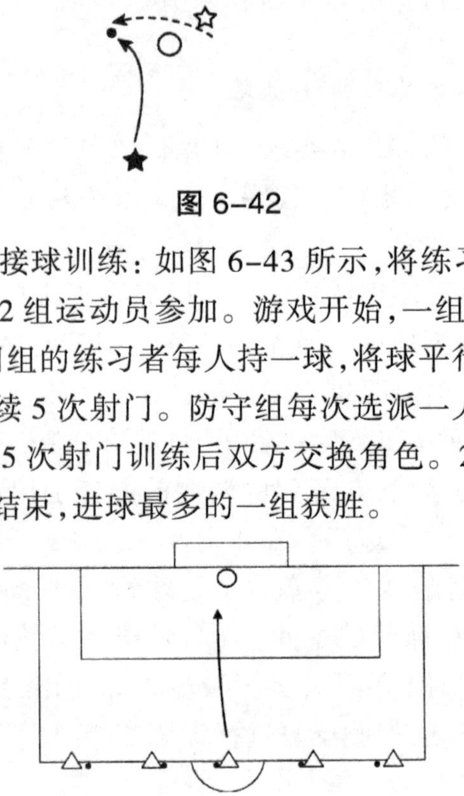

图 6–43

（7）各种地滚球、平空球和高球训练：守门员接由 10 米外踢来的各种地滚、平空和高球。训练时可将踢球者增加至 2 ~ 4 人，从多方向踢出多种性质的球，提高守门员快速移动中处理球的能力。

（8）守门综合训练：如图 6–44 所示，练习者在五人制比赛场地中进行训练。每轮游戏由一人充当守门员，剩下的人负责射门。游戏开始前，守门员背对射门者，站在球门线上。射门者在点球点后排成一路纵队,轮流射门。游戏开始,射门者依次将球放在点球点上将球射向球门。在射门触球前,射门者必须大声呼喊守门员的名字,守门员迅速转身做出扑救动作。一轮游戏完成后,练习者交换角色,继续游戏,直至所有人都完成各个角色后结束。

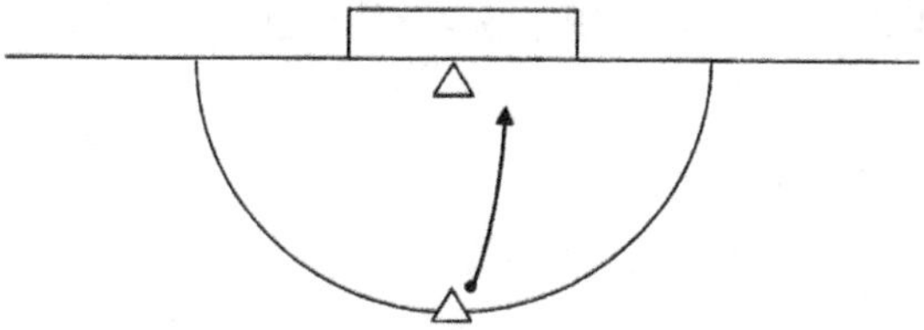

图 6–44

2. 足球守门员针对性技术训练

(1)接斜线高吊球

①场地器材

足球场地 1 块,若干足球。

②练习方法

教练员站在与球门线相距 10 米左右距离的球门右前方,守门员在球门左前方面朝教练员以一列纵队的队形站好。教练员向每位守门员依然抛出或踢出高弧线球,守门员向来球跑进,并尽力起跳接球,接球后朝教练员把球抛回,然后跑到队尾,后面的守门员按照同样的方法依次练习。

③练习要求

A. 守门员要在教练员抛出球后再跑动接球,注意对起跳时机的准确把握。

B. 如果教练员抛来的球或踢来的球力量过大,或者守门员没有做好准确判断,可直接采用拳击球的方法。

(2)选位和封堵射门的能力

①场地器材

足球场地 1 块,标志物 4 个,若干足球。

②练习方法

守门员前方有一个狭长的区域,2 名练习者在这一地形范围内进行移动中相互传球，快速传递后其中一名练习者迅速射门。守门员根据射门队员的情况对自己的站位和封堵角度进行调整。

③练习要求

A. 练习者的射门动作要在点球点前完成。

B. 如果守门员把球扑出，练习者可继续补射，守门员要随时做好准备。

C. 远射也是允许的。

（3）反应、选位和封堵射门

①场地器材

足球场 1 块，练习者每人 1 个足球。

②练习方法

在罚球区和罚球弧上分开放好 8 个足球，每个球后面站一名练习者。守门员在球门线上站好。最左边球后面的练习者先射门，然后其余练习者从左向右依次不断射门，守门员努力扑救所有练习者射来的球。

③练习要求

A. 守门员反应要快，注意防止练习者补射成功。

B. 守门员扑球后立即恢复到准备动作。

C. 站在足球后面的练习者可根据守门员的站位进行空当射门，提高守门员的扑接难度。

第三节 无球技术教学设计

一、足球无球技术动作解析

（一）起动

1. 概念

足球运动员突然快速跑动的过程就是起动。

2. 动作要领

（1）身体重心降低，向前倾斜上体。

（2）跑动的步幅小，步频快。

（3）前脚掌用力蹬地。

（二）跑动

1. 概念

足球比赛中，运动员以赛场情势变化情况为依据而向不同方向跑的过程就是跑动。跑动是为了占取有利的位置。快速跑、变速跑、折线跑、直线跑、曲线跑等都是常见的跑动方法。

2. 动作要领

（1）不管采用哪种跑动方法，都要降低身体重心，以小步幅跑进，步频快，脚上动作要灵活，保持身体的协调。

（2）在变换跑动方法时要将身体重心的移动控制好。

（3）根据赛场情况来采取合理的跑动方法向有利的位置跑。

（三）急停

1. 概念

在足球比赛中，运动员突然从快速运动状态转变为静止状态的制动方法就是急停。急停分两种情况，一种是一步急停，即双脚同时着地；另一种是两步急停，即双脚依次着地。

2. 动作要领

（1）膝盖弯曲，身体重心降低并反向偏移。

（2）制动脚内转，全脚掌撑在地面上用力蹬地以达到制动身体的效果。

(四)转身

1. 概念

在足球比赛中,运动员的头和身体结合脚步移动同时变向转动的方法就是转身。根据方向的不同,可以将转身这一无球技术分为三种情况,即前转身、后转身和侧转身

2. 动作要领

身体重心降低,双脚用力蹬地,身体在上肢的协调带动下转身变向。

(五)跳跃

1. 概念

在足球比赛中,运动员身体向不同方向(向上、向后、向前、向侧)移动以争夺有利空间位置的方法就是跳跃。跳跃分单脚跳跃与双脚跳跃两种情况。运动员需具体根据赛场情况和自己的个人习惯采取合理的跳跃方法。

2. 动作要领

跳跃时,双脚需先有力蹬地,腰腹力量和上肢力量要协调配合好,在这一基础上,身体充分向目标方向跃起,落地后要注意缓冲和维持身体平衡。

(六)足球守门员无球技术

1. 准备姿势

双脚左右分开,屈膝,两臂于胸前屈肘,注视来球方向,做好滑步、交叉步、跑步等步法的移动准备(图 6-45)。

守门员的选位很重要,为了增加防守的面积,守门员需站在球与两球门柱所形成的分角线上。

图 6-45

2. 移动

（1）滑步

守门员对两侧低平球进行扑接时，多采用滑步的移动步法。滑步有左滑步和右滑步之分，左滑步时，右脚用力蹬地，左脚稍抬并左移，右脚同时紧跟。右滑步的动作与左滑步相同，只是方向刚好相反。

（2）交叉步

守门员对两侧高球进行扑接时，多采用交叉步的移动步法。交叉步分左交叉步和右交叉步，采用左交叉步移动步法时，身体左倾，右脚用力蹬地，并快速跨向左前方，左脚移向左侧。右侧交叉步移动步法的动作与左交叉步相同，但方向是相反的。

二、足球无球技术训练方法

运动员有球技术能力的提高、巩固与发展会受到无球技术能力的制约与影响，不管是体能训练还是技战术训练，都需要运用一定的无求技术，所以在足球运动员技术训练的整个过程中，在每次训练课中，都应该贯穿一定的无球技术训练；一般将无球技术训练内容安排在训练课的准备阶段。下面主要分析起跳、变向变速及假动作等无球技术动作的训练方法。

（一）起跳训练

（1）体操凳“跛脚跑”训练。

（2）体操凳上下跳或跨越跳训练。

（3）跑动中连续顶吊球训练。

（二）变向变速训练

（1）在训练场地内，教练员发出任意手势信号，练习者朝与手势方向相反的方向全力跑。

（2）在中圈内，练习者跟随同伴做突然起动、起跳、急停及卧倒等动作。

（3）50 米绕立柱追逐跑训练。

（4）背向足球墙而坐，教练员向足球墙踢球，练习者听到响声后迅速起动追球。

（5）30 米“折回跑”训练。

（三）假动作训练

（1）罚球区半场中一人追逐三人的训练。

（2）快速曲线跑训练。

（3）练习者以间隔 3 ～ 4 米的距离依次排开，队尾的练习者自后向前迅速从两名队员中间穿插跑过。

第七章　学校足球运动课程战术教学设计

足球战术是学校足球课程教学的重要内容,学生要想发展和提高自己的足球运动技能,除了具备基本的身体素质、心理素质和技术能力外,还应具备出色的战术意识与能力,这样才能更好地执行与贯彻教练员的战术意图,提高对足球比赛的阅读能力,为比赛胜利奠定良好的基础。

第一节　足球战术的基本理论分析

一、足球战术的概念、分类与特点

(一)足球战术的概念

在足球运动比赛中,运动员根据场上发生的实际情况,通过个人或集体的配合,运用一定的方法和策略来获取比赛胜利的手段,称为足球战术。足球战术的运用在很大程度上决定着比赛的成败。

足球比赛异常复杂,场上形势瞬息万变,为了获得比赛的胜利,运动员要能充分利用自身所具有的足球知识与技能,去争取比赛的胜利,这就是足球战术的本质。通常来说,运动员具有良好的战术意识是决定比赛胜利的关键因素,它是运动员根据比赛形式自觉的、有目的的一种心理活动,是在攻守对抗时,自觉选择合理运用技战术能力的体现。足球比赛战术的合理应用、战术方案的改变等都是建立在运动员良好的战术意识基础之上的。因此，作为一名出色的足球运动员一定要具备良好的足球战术意识，在平时的足球训练中，要加强足球战术意识的训练与提高。

（二）足球战术的分类

足球比赛系统比较复杂，在比赛过程中充满了双方的攻守对抗，所以说，攻守矛盾是足球比赛的重要内容。因此，足球战术可分为进攻战术和防守战术两大系统，其中二者又分别包含着个人战术和集体战术两大类。大量的比赛实践证明，运动员正确地执行与贯彻战术是夺取足球比赛胜利的重要因素。

1.进攻战术

足球进攻战术主要包括个人进攻战术、局部进攻战术以及集体进攻战术三大类。

（1）个人进攻战术：传球、射门、运球、过人、接球、掷球、摆脱、跑位等。

（2）局部进攻战术：传切二过一配合、交叉掩护二过一配合、“三过二”配合等。

（3）集体进攻战术：阵地进攻战术、快攻战术等。

2.防守战术

足球防守战术主要分为个人防守战术、局部防守战术以及集体防守战术三大类。

（1）个人防守战术：盯人、选位、抢截等。

（2）局部防守战术：保护、补位、临近位置配合等。

（3）集体防守战术：区域盯人、混合盯人等。

（三）足球战术的特点

在现代社会背景下，随着现代科学技术的应用与发展，足球战术也发生了质的飞跃，足球战术的基本特点是通过时间、空间观念认识的，是现代足球运动更深层次的理解，同时也对足球运动员的技能发展与提高产生了极为重要的意义和作用。总体而言，足球战术的特点主要表现在以下几个方面。

1. 通过激烈对抗争取空间上的优势

在足球比赛中，足球比赛的时间和空间优势，都是通过全体队员的一系列战术活动获得的，这是取得比赛胜利的重要途径。

在足球比赛中，取得控球权，获得比赛的控制，是获取比赛胜利的重要因素。因此，比赛中攻守双方为了获取控球权，会展开一系列的争斗，身体冲撞、带球突破、贴身紧逼等是必不可少的。据调查，世界优秀的足球队，在一场比赛中的技术对抗量占全场技术运用总量的52%。也就是说，全场有一半以上的技战术是通过对抗形式实现的。这表明当今足球比赛创造空间的优势越来越困难，对抗程度也越来越激烈，对足球运动员提出了更高的要求。

2. 变换节奏来赢得时间上的优势

在足球比赛中，比赛节奏异常激烈，因此赢得时间优势就成为获取比赛胜利的重要砝码。在激烈的比赛中，运动员为了提高自己的进攻威力，确保防守安全，就要快速完成各种攻防战术。但需要注意的是，如果一味地追求比赛速度，则会影响对比赛的控制能力，不利于与队友间的配合，对比赛的进行是非常不利的。

在现代足球比赛中，足球比赛节奏的掌控是通过运动员来完成的，是运动员的有球和无球活动，将快与慢、宽度与纵深诸因素按一定规律组合而成的。单一节奏向复合节奏发展是现代足球运动发展的规律和趋势，即全体队员的活动，创造多纵深、多方位的时空优势，迅速获得有利空间，占据比赛的优势和主动。而要想占据这种主动就需要通过不断变换比赛节奏带动战术运用的速度。这同时也是足球战术的特点之一。

3. 全攻全守的快速运用

全攻全守就是不限制队员只在固定位置发挥，而是进攻时全体压上，防守时全体退防的战术方法，这一战略思想能充分发挥比赛时间、空间上的优势，从而获取比赛的主动权。

（1）中场实力的加强

现代足球运动非常注重中场运动员的安排，中场实力的加强成为各运动队的重要目标，如采用“三五二”“四五一”等阵型，来增加中场的厚度，运用中场逼迫的方法，来获得时间与空间的优势。

（2）保持严密的集体攻防队形

在具体的足球比赛中，球队的前、中、后三线要组织严密，在局部区域要尽量形成以多打少的局面，从而获取有利的时间和空间优势。

（3）灵活调配攻守力量

在现代足球比赛中，运动员分工明确，除此之外还要求每个队员都必须具有一定的进攻和防守能力，这样才能最大限度地激发球队的潜力，扩大场上优势，获得比赛胜利。

发展到现在，足球运动场上的攻守平衡越来越重要，要求充分利用队员的能力、特点，最大限度地争取时间、空间的优势。尤其是在进攻中，在众多后卫严密盯防下的前锋队员占据和控制时间、空间十分困难，但如果通过前锋或前卫队员的不停换位、扯动，拉出有效空间，前卫或后卫队员迅速插向该空间完成战术。这种灵活而又严密的战术打法能为球队创造有效的时间和空间，从而掌握比赛主动。

4. 不断加强体能素质训练

现代足球比赛攻守对抗异常激烈，在比赛中身体对抗也越来越强烈，一般情况下，在一场比赛中，每一个队员全场活动距离达到 10 000 米左右，其中包括冲刺、快跑，因此如果运动员没有一个良好的体能素质是无法完成比赛的。

除此之外，在一场足球比赛中，运动员通常还要完成上百次的爆发性动作，这对运动员的无氧与有氧结合能力提出了更高的要求，因此在平时的训练中一定要重视加强体能素质的训练。

总之，在足球训练中，一定要加强运动员全面素质的训练，其中拼抢时的力量、快速反击和突破时的速度、反复快速移动时的速度耐力等是最为重要的几个方面，要重点发展。

5.具备高水平的心理训练

在足球比赛中，运动员除了要具备良好的身体素质外，还要具备出色的心理素质，因为这样可以帮助运动员在比赛中审时度势、冷静思考，及时、果断地采取行动。

同时，比赛过程中还会出现误判和反判的现象，以及不利于本队的观众倾向性，这就更需要队员要有积极、稳定、适宜的比赛心态，以保证临场技、战术水平的正常发挥。因此，高水平的心理训练水平是运动员保持和发挥高竞技水平的重要保证。

二、足球战术的基本阵型

在足球比赛中，一个合理、有效的比赛阵型是非常重要的，它可以对战术的运用起到优化的作用，能够做到取长补短，充分挖掘全队的整体水平和个人技战术的良好发挥；有利于全队攻守平衡的发挥，最大限度地创造出更多的空间机会，促进战术的高效利用，起到积极的作用。

随着现代足球运动的不断发展，足球阵型也在不断的变化，但不论怎么变化，足球比赛主要有以下几种阵型。

（一）“五三二”阵型

“五三二”阵型，即有五个后卫、三个前卫、两个前锋。其特点是以重兵加强防守，确保防线稳固，并在稳固防守的基础上打防守反击。这一阵型进攻和防守都比较均衡适用于大多数球队。

需要注意的是，当边后卫上前时，临近中卫适当拉边，一方面兼顾由于边卫上前所留下的空位，另一方面保证各方位的平衡布局。也可以在由守转攻时，两侧边后卫都由边插至中场，形成

“三五二”阵型,加强中场控制。

(二)“四四二”阵型

“四四二”阵型指的是有四个后卫、四个前卫、两个前锋。其特点是针对足球“攻难守易”的特点,体现了中、后场的人数优势,防线较为稳固,中场攻、防兼顾,前锋虽只有两人,但是后场人员随时都可插上,不仅前锋有较大机动性,也大大增强了进攻的隐蔽性和突然性。中场四名前卫一般呈菱形站位,前面队员称为进攻前卫(前腰),拖后队员称为防守前卫(后腰),攻可上、退可守,承上启下。两名前锋可机动站位,根据情况可能站中间,也可偏向一侧,一边一中。“四四二”阵型是世界上较为流行的阵型。

(三)“四三三”阵型

(1)攻守平衡,中场力量相对较强。

(2)安排3名前锋既加强进攻力量,又牵制对方边后卫的助攻。

(3)转入防守时,前场、中场兵多将广,有利于展开逼迫式防守,减轻后防压力。

(4)用3名后卫盯防两名前锋具有人数和心理优势,盯人后卫可紧逼盯人,自由后卫可保护补位并控制门前危险区域。

(5)攻守转换自然、流畅,队员位置相对稳定,变化较小。

(四)“四五一”阵型

“四五一”阵型比较侧重防守,属于一种比较稳妥的打法,通常适用于实力较弱的球队。

(1)4名后卫主要职责是防守,帮助控制中场,一般情况下不会盲目参与进攻。

(2)中场力量强,人数多,有利于夺取中场的主动权,还能够有效缓解本方后防的压力。

（3）进攻力量较薄弱。进攻的效果一看反击，二看前卫的能力和变化，尤其是进攻型前卫和两边前卫的作用。

（4）进攻时，中前场空区较大，有利于组织快速反击和点多面广的进攻，使进攻更具突然性和隐蔽性。

（五）“三五二”阵型

“三五二”阵型指的是有三个后卫、五个前卫、两个前锋。这一阵型的特点是注重中场控制，加强进攻力量。三名后卫是针对对方采用两名前锋，且本方后卫人员个人防守能力强而设定的。防守上，在短时间内用两名后卫紧盯对方两名前锋，由另一后卫拖后进行保护，并等待前卫回撤支援。一般来说，由攻转守时，至少有一名前卫队员视球的发展情况，回撤到边路或中路，协助防守。也可回撤两名前卫，形成“五三二”阵型。

三、足球战术指导思想

在足球比赛中，决定足球比赛胜负的因素有很多，其中运动员体能、技术能力、战术意识等都是非常关键的因素。其中，身体和技术是基础，战术意识是确保比赛胜利的保证，这几个要素相互联系、相互影响。伴随着足球运动的不断发展，运动员的身体素质差异正在逐渐缩小，因此对运动员的技术能力和战术素质提出了更高的要求，而在双方技术能力不相上下的情况下，战术素质就成为决定双方能否赢得比赛胜利的关键因素。

一个足球运动队，在主教练的带领下，一定要有一个正确的足球战术指导思想，这也是体育教学工作的一个方向性问题。一个正确的战术指导思想能帮助体育教师选出最佳的教学方法与手段，从而更好地提高学生的战术水平，促进比赛成绩的提高。随着现代竞技体育的不断发展，世界各国的职业化联赛水平不断高涨，要想取得足球比赛的胜利，没有一个良好的战术指导思想是不行的。发展到现在，足球战术获得了革新与发展，出现了更为丰富的打法，但无论战术如何变化，都需要在一定的战术指导思想下进行改变。一般来说，足球战术的具体指导思想主要体现在以下几个方面。

（一）勇猛顽强

一个具有较高运动水平的足球队，必须要具有勇猛顽强的作风，要求运动员无论面对何种局面都要临危不惧，充满顽强的斗志。足球比赛异常激烈，比赛过程中充满了对抗性和争夺性，这也是足球比赛的主要特征。因此，作为一名运动员而言，具备勇猛顽强的战斗作风是十分必要的，这也是取得比赛胜利的极为关键的要素。因此，在平时的足球战术教学中要重视学生良好战术意识与作风的培养。

发展到现在，足球战术攻守体制已经融为一体，进攻与防守之间的联系更加紧密，进攻时，要求快速有效率；防守时，要求快速回防到位。这是现代足球战术发展的基本规律。因此，足球比赛不仅要求运动员要具备出色的进攻与防守能力，还必须具备攻中有防、防中有攻的战术思想。只有在这一战术思想指导下，运动员的战术水平才能得到提高，运动队才能获得比赛的胜利。

（二）机动灵活

在足球比赛中，运动员要能根据比赛场上的具体实际灵活地调整战术行为，随机应变，从而获取比赛的胜利，也就是说，要求战术指导思想要机动灵活，能扬长避短，有利于控制对方，获得比赛优势。

而要想具备机动灵活的战术意识和行为，首先就要做到知己知彼，在赛前要认真调查与研究对手，分析对手的特长和弱点，然后根据对手的弱点制定足球比赛策略，并在赛前将这一战术指导思想灌输给运动员。

在具体的体育教学实践中，体育教师应当有意识地培养一批核心球员，以便于在复杂多变的比赛环境中应付战局。一般来说，核心球员必须要具备顽强的斗志，高度的责任感和丰富的战术素养，除此之外，在队内也必须要有一定的威望等。

（三）快速准确

随着现代足球运动的不断发展，攻守对抗越来越激烈，防守队员的防守动作也越发凶悍，因此在势均力敌的情况下取得进球，战胜对方是非常困难的，这需要进攻球员要克服不利局面完成射门得分，在这样的局面下，采取快速进攻策略是十分明智的。这里所谓的“快”主要包括应变速度、动作速度、动作速率、跑动速度和配合速度等。在足球比赛中，哪怕只比对方快一秒，也能先于对方掌握比赛的主动权，从而赢得比赛的胜利。据相关统计，从后场向前场进攻，如果超过10秒以上的时间还未能到达射门的地点，那么在对方禁区附近的射门就会被严密封堵，在这种情况下攻方射门得分的成功率就会大大降低。因此，快速攻防是现代足球比赛的重要趋势。

要实现“快速”并不容易，“快”需要身体体能的保证。一个队要体现出快速的风格，则队员需要在身体素质、技术、战术意识和意志品质等方面达到更高要求。“准确”的基础是神经的高度灵活性、良好的意识、熟练的技术和教学有素的身体素质。运动者只有通过长时间的学习与训练，才能将训练效果最优化。“快速”与“准确”是紧密联系的两个方面。“快”是一个速度问题，“准”是一个效果问题，只有“快”和“准”结合，才能达到更好的战术效果。只快不准，就不能很好地发挥技战术的作用，光准不快，往往会贻误战机，进攻效率难以得到保证。因此既快又准，才是战术指导的基本原则。

第二节　足球进攻战术教学设计

一、足球进攻战术解析

（一）个人进攻战术

个人进攻战术指的是在比赛中为了战胜对手而采取的符合整体进攻目的的个人行动。个人进攻战术包括传球、射门、运球突破等。

1. 传球

足球比赛中，传球是运用最为频繁的一种最基础、最重要的技战术手段，同时，传球水平的高低也能够很好地反映出一支足球队伍整体比赛能力。

（1）传球运用的要求

一般来讲，传球运用的要求主要包括以下几个方面的内容。

①在比赛过程中，运动员要及时掌握传球的时机。

②气候条件影响传球的效果和质量，要根据不同的天气情况选择合适的传球脚法。

③场地条件影响传球效果，如泥泞时少传地滚球，多传空中球。

④掌握好传球的弧线和力度，方向要与接球队员的跑动方向一致。

⑤传中球的弧线要与冲顶射门的同伴的跑动方向相反。

⑥顺风进攻时少传直传球和长传球，传球力量适当小些。

⑦传球路线应尽量避开对方的抢截半径和断球的可能。

⑧逆风进攻时多采用短传球和低球，力量适当大些。

⑨中距离传球可以加快进攻推进速度，在打反击时可以采用

中距离传球的方式以突破对方的防线。

（2）传球运用的注意要点

在足球比赛中，传球的最终目的就是抓住时间、空间优势，得分获胜。因此，为了达到最佳的传球效果，在传球时应注意以下几点。

①隐蔽传球意图

隐蔽的传球，能减少传球失误，使同伴更加容易接球。在比赛中应多采用直接传球、结合假动作传球、变向传球和运用多种传球脚法的变化来隐蔽传球的意图与方向。

②把握传球时机

运动员传球战术意识的高低体现在把握恰当传球时机的能力上。球传早传晚都不利于战术的开展。恰当的传球时机应是在时间和空间上有利于同伴接球摆脱和及时地处理球，但又能避免其越位。

③良好传球意识

良好的传球意识主要体现在传球的威胁性、合理性上。传球前要找好传球对象和方位，尽可能的保证接球队员顺利拿球并能够造成最大威胁。不要盲目、快速地传球，这样达不到传球的最终目的。

④传球准确性

足球比赛中，传球的失误往往是比赛失利的重要原因之一。传球的准确性主要体现在熟练、合理地运用不同的脚法，同时还能够很好地控制出球的落点、弧度、力量、距离以及方向。

2. 射门

射门是一切进攻战术配合的最终目的和进攻得分的唯一手段。射门时，运动员应根据场上瞬息万变的情况，通过敏锐的观察，判断来球的速度、落点和防守队员及守门员所处位置的情况，选择最佳的射门时机和有效的射门方法。当射门失去角度时，不要盲目的射门，通过合理的运球、传球寻找射门的更大空间。一般来讲，射门时需要特别注意以下几个方面的问题。

（1）选择最佳的射门角度

射门要选择最佳的角度射门，因为这直接影响着射门的效果。射门前要注意观察守门员的情况，如位置、移动等，选择角度、空间大的位置射门，提高进球率。

（2）把握射门的时机

在足球比赛中，一旦出现射门良机，不要有任何犹豫，应迅速、果断的起脚射门，因为任何犹豫都会造成动作的迟缓和机会的错失。

（3）强烈的射门意识与欲望

具有强烈的射门进球意识和欲望，捕捉一切射门的机会是进球获胜的前奏。要敢于在激烈对抗中完成射门行动。

（4）尽量选择射低平球

低平球与地滚球会对守门员造成更大的威胁，尤其是球门两侧的位置。此外，低平球与地滚球的球速更快，在射门时很可能由于各种原因改变运动方向，或者是由于球速快、力量大，守门员容易脱手，运动员因此要合理地射门。

（5）采取准确、突然、有力的射门

准确、突然、有力的射门是得分的关键因素。这种射门会使守门员猝不及防，甚至没有反应的时间。

（6）力争抢点直接射门

足球水平的不断发展，造成现代足球运动射门的时机非常短暂。因此，在罚球区内要力争抢在对手行动之前抢点直接射门。

相关调查发现，在足球比赛中，抢点直接射门是进球率最高的射门方法。第17、18和19届世界杯足球赛总共进球453个，其中在射门一区（图7-1）所射进的球占直接射门得分的比例最大。

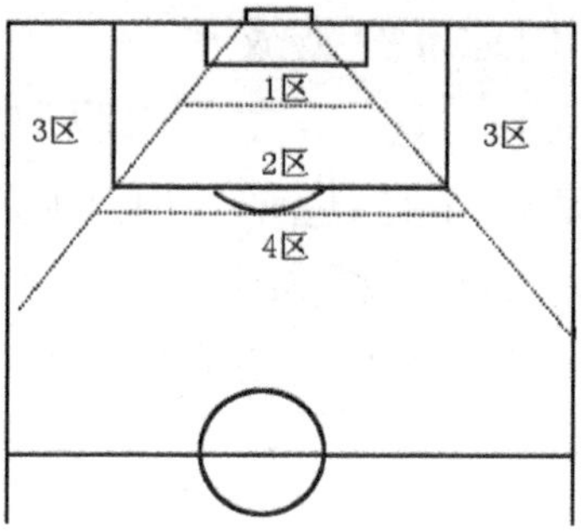

图 7-1

3. 运球突破

（1）把握运球突破的时机

①运球突破主要是在没有射门、传球机会时应用，可以利用假动作、巧妙的技术和速度进行突破，从而创造射门和传球的机会。

②在攻守转换过程中，控球队员在进攻三区内，面对最后两名防守队员，并且起身后留出较大空间时，应大胆选择突破其防守。

③控球队员在对手贴身紧逼，失去传球和射门的角度时，应采用运球突破摆脱其逼抢，寻找更好的进攻机会。

④同伴处于越位位置而又没有其他更好的传球选择时，应果断运球突破，直接攻门。

（2）运球突破的要点

①必须注意，在本方的后场切忌不能运球突破，一旦失误，会给对手造成有利的射门机会。

②掌握好运球突破的距离、时机和方向。在对手抢截范围半径外，时刻观察对手的情况，当对手身体重心移动或犹豫不决时，从其身体重心移动的反方向果断运球突破。

③运球突破的前提，首先要保证控球权。在保证控好球、护好球的基础上，再选择突破，一旦丢球会造成全队的被动。

④运球超越、调动、逼近、摆脱对手的技术环节应衔接紧凑。

⑤突破对手后应及时射门或与同伴进行传球配合。

⑥机动灵活地运用运球突破战术：

第一，当对手紧逼防守时，应多采用假动作。

第二，当对手松动防守时，应诱使其出脚犯规。

第三，当对手速度快时，多采用变向突破。

第四，当对手速度慢时，多采用变速突破。

（二）局部进攻战术

局部进攻战术指的是进攻中两个或者两个以上队员之间的配合方法。它是集体配合的基础。局部进攻战术有很多的配合方式，如交叉掩护二过一配合、传切二过一配合、三过二配合等。

1. 交叉掩护配合

交叉掩护配合指的是在局部地区两名进攻队员在运球交叉换位时，以自己的身体掩护同伴越过防守队员的配合方法（图7-2）。交叉掩护配合时应该注意以下两点。

（1）运球队员应该护好球，同时挡住对方防守队员，将球传给同伴后，要继续向前跑动。

（2）接球队员必须主动迎面跑向运球同伴，交叉距离贴近，接球后快速向前运球。

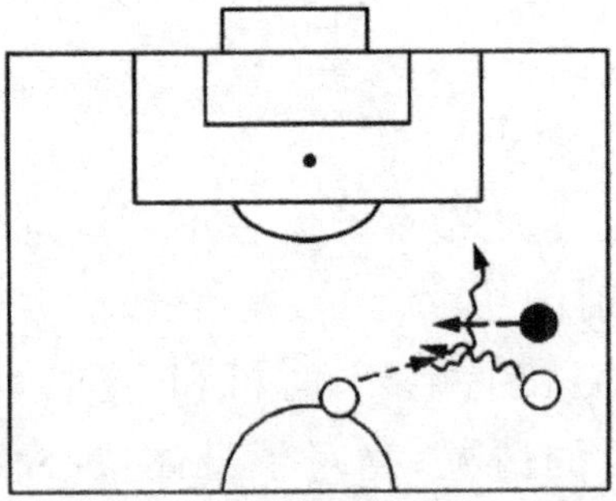

图 7-2

2. 传切配合

局部进攻战术使用最为频繁的战术配合就是传切配合，即控球队员将球传给切入的进攻队员的配合方法。传切配合的形式主要有两种，一是局部传切配合，二是长传转移切入。

（1）局部传切配合

按传切的线路可分为直传斜切、斜传直切。

①斜传直切二过一如图 7–3 所示。

②直传斜切二过一如图 7–4 所示。

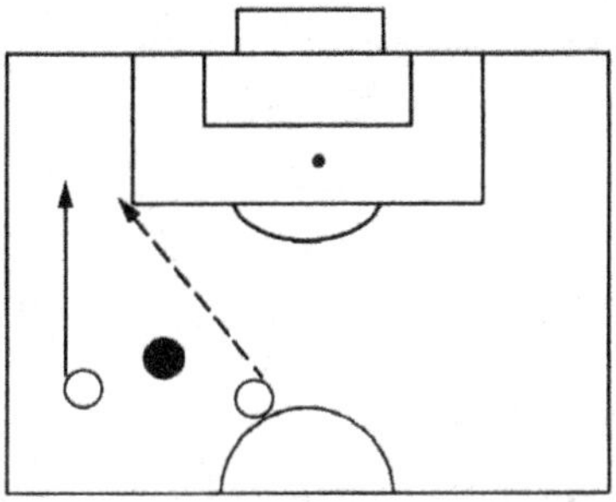

图 7–3

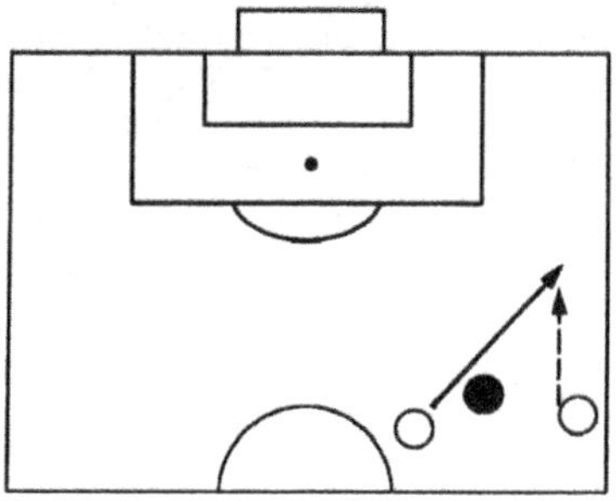

图 7–4

只通过一次传球和穿插，就能够摆脱防守队员是斜传直插和直传斜插二过一的特点。这种配合方法既简单又实用。要注意的是，这种配合下两名队员要保持一定的距离。控球队员要使用各种方法诱骗对手进行阻挡。插入的队员必须突然、快速起动，但应避免越位。

（2）长传转移切入

一侧进攻受阻，长传转移到另一侧，切入队员得球后展开进攻（图 7–5）。

图 7–5

3. 三过二配合

比赛中局部地区由 3 个进攻队员通过相互配合摆脱防守的配合方法就是所谓的三过二配合。

如图 7–6 所示，⑦控球，⑥做假接应，⑨斜插把防守支开，⑥插上至⑨制造出的空当接⑦的传球，突破防守。

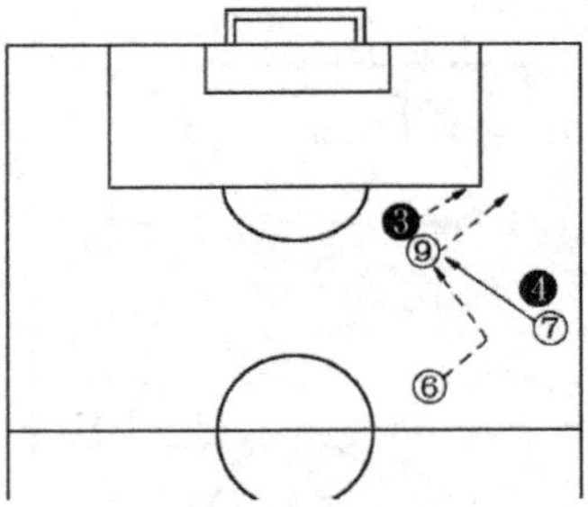

图 7–6

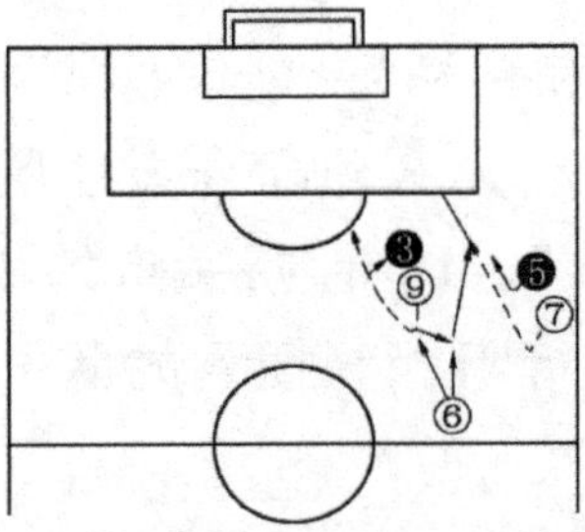

图 7–7

如图 7–7 所示，⑨向后跑动接球，再将球传给⑥，⑦假动作并伺机从内线切入接⑥的传球突破防守。

连续二过一。连续二过一至少由两组二过一配合组成(图

7–8）。

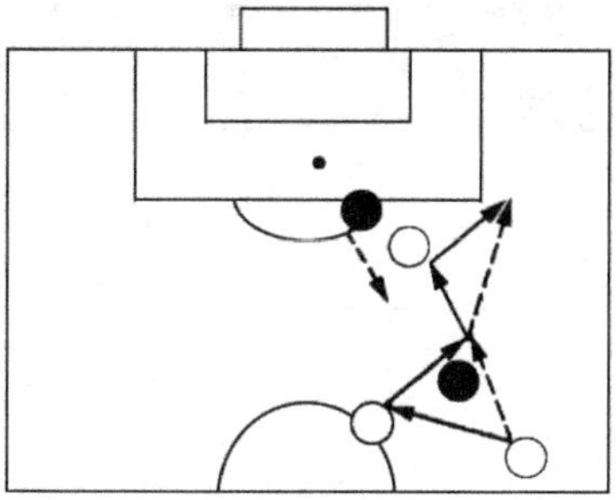

图 7–8

在进行三过二配合时，主要应该注意以下三点要求。

（1）配合要简单使用，做好衔接。

（2）控球队员要有开阔的视野，进攻配合要给对手造成威胁。

（3）三名进攻队员应呈三角形，一人持球，另两人应一接一插或一拉一插，要配合默契，在接、插的时间上应稍有先后。

（三）集体进攻战术

1. 阵地进攻

阵地进攻指的是防守方运动员在本方的半场占据防守位置时组织的进攻。在足球比赛中，阵地进攻要求进攻方不断的频繁活动，将跑动、穿插、策应有效地结合起来，达到扰乱对方防守的目的。

（1）中路渗透

前场发动进攻、中场发动进攻、后场发动进攻是中路渗透的三种基本形式。下面是各种中路渗透进攻的整体战术打法。

①前场发动进攻

前场发动进攻主要靠前锋回撤后在其身后形成的空当，由其反切插入；或由后排的前卫、后卫插入。前场发动进攻。队员之间做有效的配合能突破对方中路密集防守，有着不错的进攻效果。

②中场发动进攻

中场发动进攻，常常采用短传配合的方法来进行，并以各种二过一来摆脱对方的防守。主要有三种打法，如图 7-9、图 7-10 和图 7-11 所示。

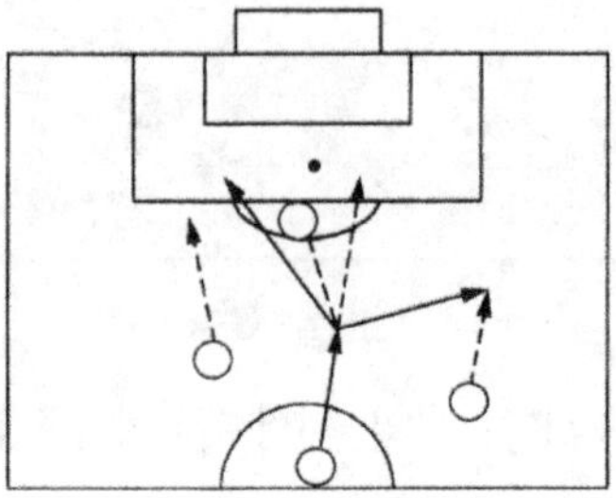

图 7-9

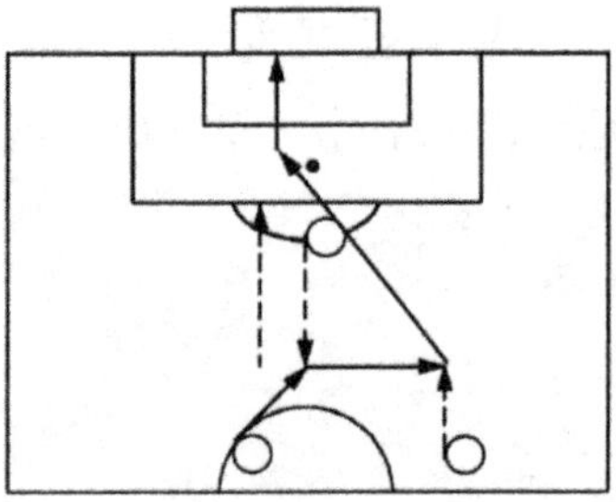

图 7-10

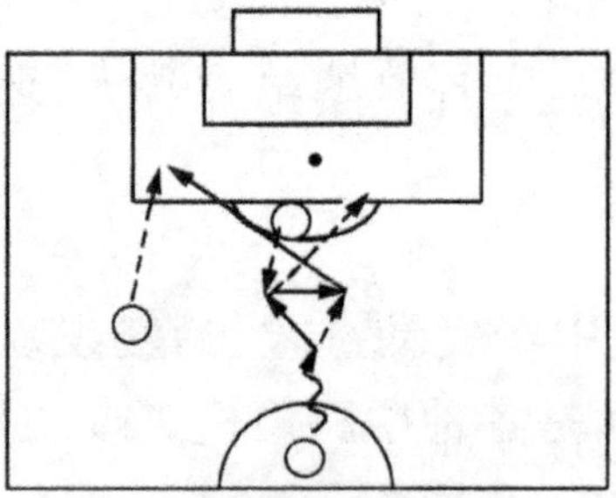

图 7-11

③后场发动进攻

守门员发动进攻(图 7-12)。

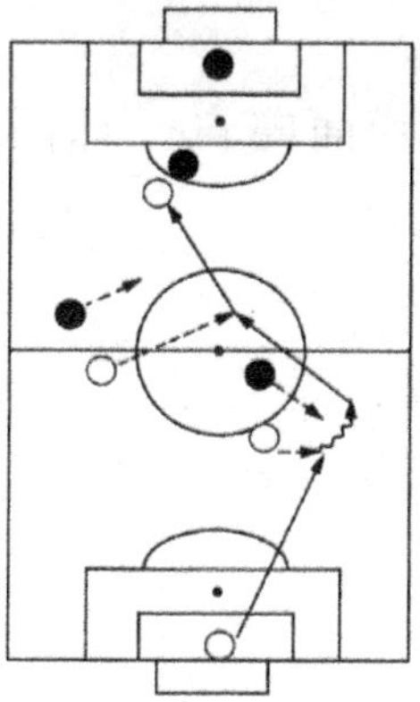

图 7-12

后卫发动进攻(图 7-13)。

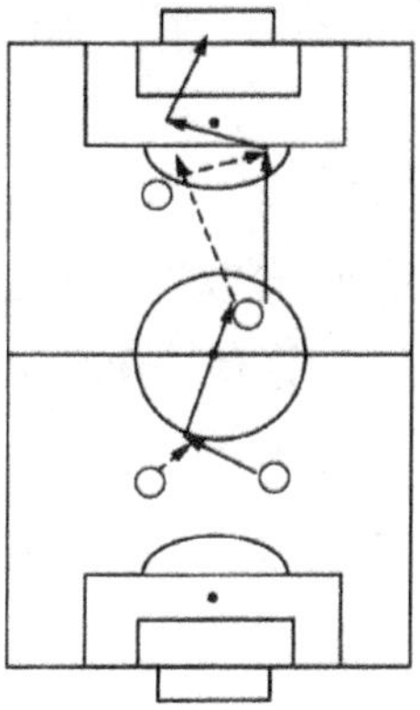

图 7-13

(2)边路传中

在对方半场的两侧组织发动进攻,以传中为主要的射门手段就是边路传中。由于边路进攻直接得分的可能性不大,所以大多数情况是由异侧队员和中路队员插上,边路传中完成射门。

①传中的要点

运动员在传中时,传出的球要弧度低、球速快,具有明显的内旋。这种球对于防守队员和守门员来说都比较难以判断,容易造成失误。

此外,比赛中平直球的传中也很多,因为这种球在飞行的过程中,射门点很多,门前任何位置插上的队员都可以射门,对守门员的威胁很大。

传中时机选在防守者面向自己球门跑动、阵脚未稳、尚未调整好位置时最为有利。

②传中区域

边路发展阵地进攻时，传中的区域主要有两个，一是在对方罚球区的延长线附近，二是在球门线附近。这两个传中点以罚球区的延长线附近居多。

③传中落点

边路传中的落点主要有三个：一是罚球点附近，这一传中点是进攻者攻门的最佳位置；二是近门柱；三是远门柱，这一区域有机会直接射门，如果没有机会也可以传给中路包抄的队员进行射门。

④创造传中机会的方法

创造传中机会，主要有运球突破与传球配合两种方法。

运球突破：运球突破主要有三种类型：一是速度型，二是假动作型，三是速度与假动作结合型。

传球配合：传球配合在边路进攻中运用最多。一般来说主要有以下几种。

A. 前锋的配合突破（图 7–14）。

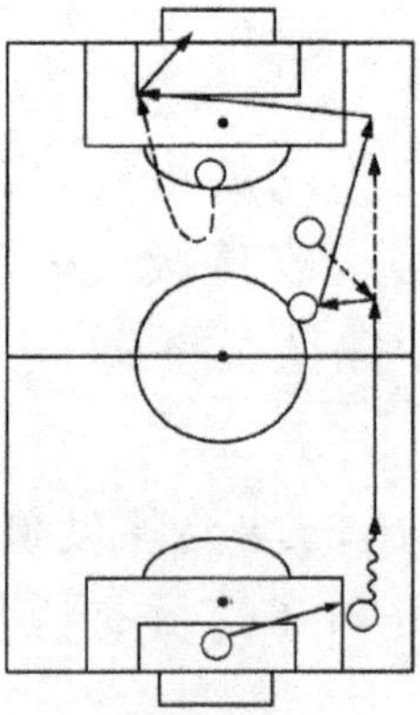

图 7–14

B. 前锋插边（图 7–15）。

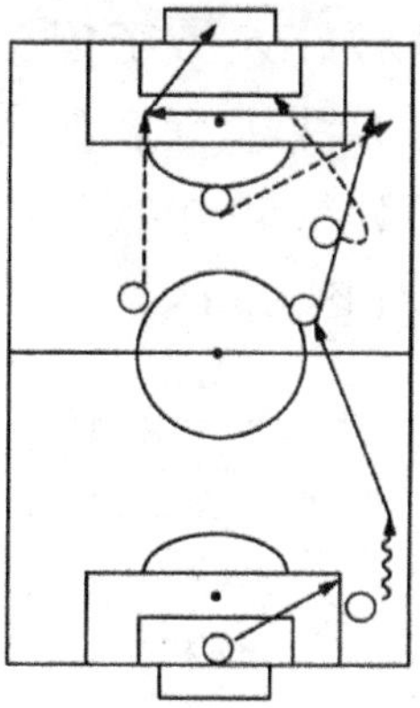

图 7–15

C. 前卫套边（图 7–16）。

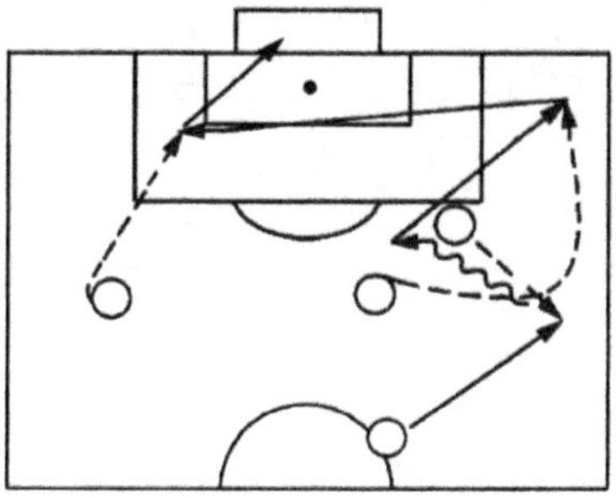

图 7–16

D. 边后卫插上（图 7–17）。

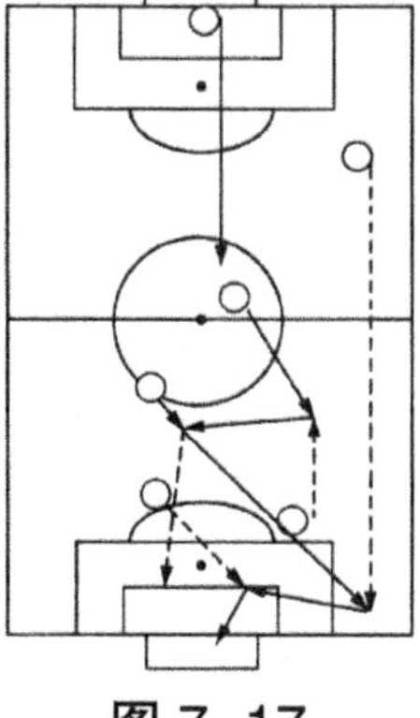

图 7–17

(3)中边转移

在足球比赛中,面对对方人员密集,难以进行中路渗透的情况,可以采取中边转移的方法进行。如果中路没有机会进攻,应快速地将球转移给边路,分散防守队员的注意力,然后由边路突破再将进攻方向转到中路(图 7-18)。

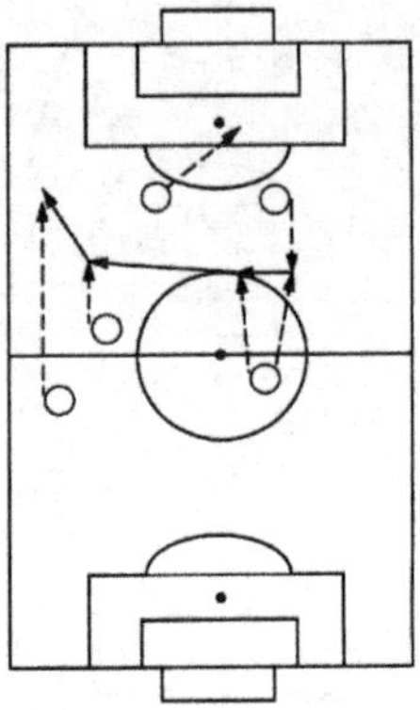

图 7-18

2. 快速进攻

快速进攻战术就是由守转攻时,抓好对方组织的时间差,通过快速有效的传接配合创造射门机会。

(1)中路突破

中路突破快攻主要形式包括个人突破与配合突破两种。配合突破是通过整体进攻完成的(图 7-19)。

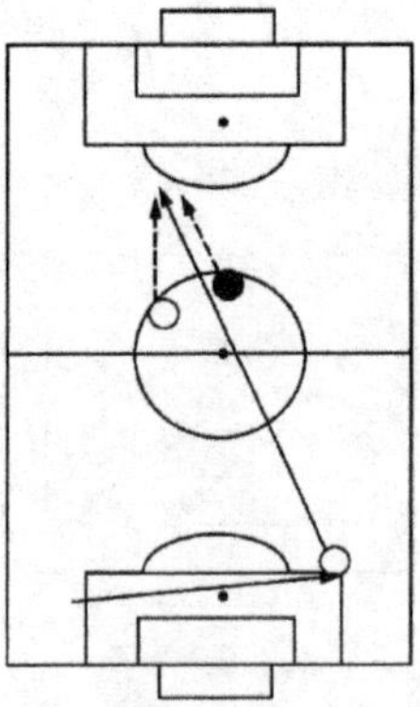

图 7-19

（2）边路传中

快攻中通过边路的进攻主要有个人突破及边路队员快速插上到防守者的身后接球突破两种形式。

①如图 7-20 所示，为个人突破边路传中。

②如图 7-21 所示，为配合突破边路进攻。

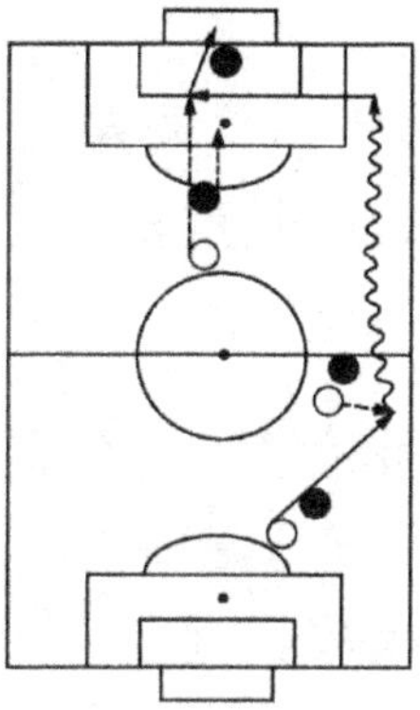

图 7-20

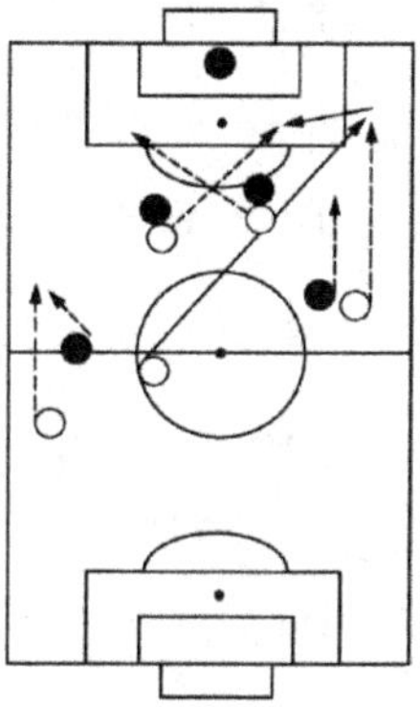

图 7-21

（3）中边转移

快攻中的中边转移主要形式为中后场得球后一次性直接将球长传至边路，由边路队员突破（图 7-22），或者经过中场的一两次传递后再将球分到边路，由边路队员突破。

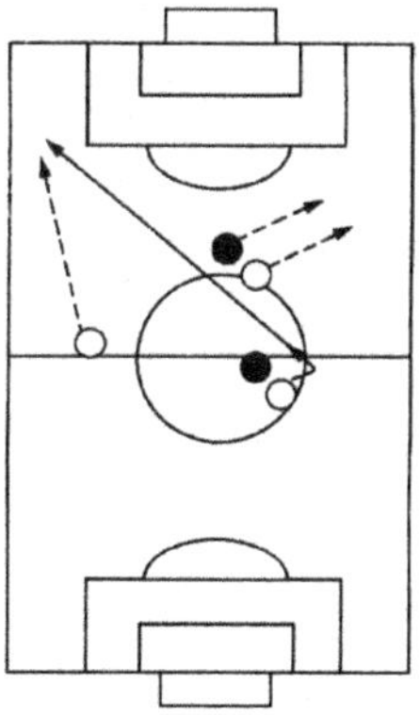

图 7-22

二、足球进攻战术方法设计

（一）个人进攻战术方法

1. 移动接球练习

接应队员避开障碍物旗杆，向两边空当接同伴的传球。接球后再回传给同伴，再向另一边移动接球，以此重复进行练习。

2. 多人、多球的传球与接应练习

在 40 米 ×40 米方块场内，进行同时多人、多球的传球与接应练习。重点是选择传球目标，观察、呼应与跑动接应，待熟练后，可以增加练习用球的数量和限制触球次数。

3. 一抢二练习

在长 25 米、宽 15 米的范围内进行一人抢球，二人传控的练习，控球一方的无球队员要积极选位接应。防守者抢到球即成为控球一方，由失误的队员担任防守者。可计时交换位置重复进行练习。

4. 交叉换位练习

将队员分成两组，在前场进行交叉换位跑动，队员 A 与队员 B 交叉换位后接队员 C 的传球，再进行配合射门。

5. 第二空当跑位练习

接应者队员 A 快速跑向由同伴队员 B 拉出的第二空当，接队员 C 的传球射门。

（二）局部进攻战术方法

（1）踢墙式二过一练习。

（2）各种二对一射门练习。

（3）间接二过一射门练习。

（4）连续斜传直插二过一练习。

（5）各种无固定配合吸纳率的踢墙式二过一练习。

（6）在罚球区前 10 米 ×10 米范围内进行二过一配合射门练习。

（7）在 10 米 ×20 米场地上设两个球门进行二对二练习防守，须有一人为守门员，在规定时间里相互展开攻守。

（8）半场中路进行三对二射门练习，规定最多三次传球之后必须射门。

（9）回拉接应反向切入射门练习。

（三）集体进攻战术方法

1. 边路传中与中路射门练习

教师分别将球传给⑦号和⑧号，⑦号和⑧号接球后传给接应⑨号和⑩号做二过一配合，然后快速运球传中，⑨、⑩号抢点射门（图 7–23）。

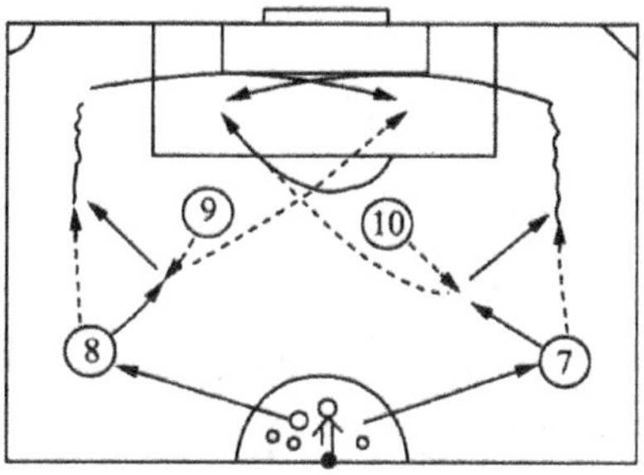

图 7–23

2. 边路进攻练习

将所有运动者均分为两队，每队 5 ～ 7 人可在 70 米 ×50 米的场地上进行，但在距边线处的场地两侧另加两个 6 ～ 7 米宽的小球门，进攻队员必须先将球传过两侧的任何一个球门后才能射门。练习规则是学生必须先通过边路的小球门再射入正式球门，才能得分；进攻时队员要有意识地通过配合或个人突破越过小球门，从边路组织进攻。

第三节　足球防守战术教学设计

一、足球防守战术解析

在足球运动中，防守战术是在比赛中为阻止对方进攻和重新获得球权所采取的个人和集体配合方法。可以说，在一场足球比赛中，防守战术运用得当是取得比赛胜利的关键。

（一）个人防守战术

个人防守战术是为控制对手所采用的个人战术行动。足球比赛战术是由个人战术行动所构成的，因此说个人战术行动是球队整体战术的基础。

1. 选位与盯人

选位是指防守队员在进行防守时占据合理的防守位置。而盯人则是指在正确选位的基础上，严防对手，控制其进攻行动的行为。选位与盯人的战术要求如下所述。

（1）选位要及时，要先于进攻队员抢得有利的位置。

（2）在比赛中，进攻队员、防守队员和本方球门中点三点成一线，并且还保持适当的距离。

（3）运动员在选位的时候要以盯人为主，同时要兼顾球与空间情况的变化。

（4）选位要组成纵横交错的三角或菱形网络队形。

（5）在遇到以少防多的情况时，要合理选位，要尽量延缓对方进攻的节奏。

（6）要在正确选位的基础上，根据不同的场区和任务，实施盯人策略。

2. 断球

断球是将对方的传球从途中截下来或破坏掉的战术行为。断球后就可以由守转攻，在对方来不及反抢的状态下进行快速反击。合理的断球主要有以下两点。

（1）正确的判断。准确判断对方传球的意图，预测对方传球的时间和路线。

（2）合理的位置。在正确选位的基础上，偏向有球一侧移动。同时要抓恰当的时机，对方传出球的瞬间，先于接球队员快速插向传球路线，将球截断下来。

3. 抢球

抢球是指将对方控制的球抢断下来或者破坏掉。运用此战术之前必须保证集体防守的稳固。在比赛中，合理的抢球主要有以下要点。

（1）正确的站位。首先要选择在持球对手与球门中点之间站位，当对方运球向两侧扯动时即实施抢球。

（2）合理的距离。通过移动与对方保持适当的距离，以为抢球打下基础。

（3）准确的时机。在对手接控球没有稳或控、运球两个触球动作之间的时机，将球抢下来或破坏掉。

4. 个人防守战术的注意事项

（1）首先抢球要站稳，不要受对方假动作的迷惑，抢到球后要快速发动进攻，提高攻防转换的节奏。

（2）若抢球不成功，要快速回防，以免造成被动而丢球。

（3）隐蔽断球意图，不要紧逼盯防接球队员，这样既可以防止对方传切自己身后空当，又可以诱使对方向自己身前的对手传球，陷入自己断球的圈套。

（4）顾全防守全局，抢球前要考虑本方的整体防守是否稳固，以防抢球出现失误后造成本方的被动。

(二)局部防守战术

局部防守战术是指两个或两个以上防守队员之间的相互配合方法,是集体防守战术的基础。这一防守战术主要包括以下内容。

1. 保护

保护是指同伴紧逼对手时,自己选择有利的位置来保护同伴,防止对手突破。在比赛中,运用保护战术能给予同伴心理和行动上的支持,使其全力以赴紧逼对手。一旦被持球队员突破,保护队员能及时补防,堵住进攻路线或夺回控球权。如果逼抢队员夺得控球权,保护队员可以及时接应发动进攻。在保护时,要合理选位,避免对方突破而出现较大的空当。

2. 补位

补位是指防守队员之间相互协作的防守配合行动。在足球比赛中,通过同伴间的相互补位,可以有效遏制和破坏对方的进攻行动。一般来说,补位的形式主要有以下几个。

(1)队员去补空当,比如边后卫插上助攻时,就有一个同伴暂时补其位置,以免进攻失误后造成对方打反击。

(2)在比赛中,当同伴被突破之后,保护队员要及时补位防守,将球夺回来或阻断其进攻路线。

(3)在守门员出击时,后卫队员要及时回撤到球门线附近,以防守门员出现失误造成对方进球。

3. 围抢

围抢是指防守时几名队员同时围堵、抢断某局部地区的对方控球队员的默契战术配合。在比赛中,运动员展开围抢需要注意以下几点。

(1)在围抢的局部地点守方人数占有优势,而且距离比较近,思想统一。

(2)在对方进攻推进缓慢或者局部配合过多的情况下要迅

速组织围抢，力争抢下球。

（3）被围抢的队员尚未控制好球，而附近又没有其他接应队员时迅速实施围抢。

（4）一般要在边、角场区，在对方观察角度较差时展开围抢。

4. 局部防守战术的注意事项

（1）在保护和围抢队员时，要保持一个适当的距离，便于灵活采取下一步的战术行动。

（2）保护队员选位调整角度要灵活，若同伴堵内放外，保护队员选位角度要偏向外线。若同伴堵外放内保护队员选位角度应偏向内侧，配合同伴可以形成夹击之势。

（3）保护队员还要通过语言指挥同伴抢截和选位，同时让同伴知道自己的保护位置，使防守配合更加默契。

（4）如果防守队员能够追上对手，尽量不要交换防守和进行补位。

（5）保证罚球区及附近的危险区域不出现空当。

（6）尽可能围抢成功，否则就容易被对方突破而造成被动。

（7）围抢时应贴身逼抢，但要切记不可犯规，尤其是在禁区内，如果犯规的话就会造成严重的后果。

（三）集体防守战术

集体防守战术是指全队所采取的防守配合。一般来说，集体防守战术主要分为人盯人防守、区域盯人防守和混合盯人防守等几种。

1. 集体防守战术的类型

（1）人盯人防守

人盯人防守是指每个防守队员盯住一个对手，封锁对方的进攻路线，控制对手的活动和传、控球的配合方法。这一战术类型的特点是有利于对方进攻的时间与空间，使对方始终处于压力之中，造成一定的心理压力。

（2）区域盯人防守

区域盯人防守是根据场上队员位置的分布，每个防守队员防守住一个区域，在对方某个队员跑入本区域时，就进行积极防守，限制对方进行进攻活动的配合方法。区域盯人打法规定每个防守者的明确任务，但同伴间仍需要相互协作，当某一区域盯人防守失败时，邻近队员及时补位，被突破防守队员应及时地与他换位，以求集体防守的有效性。在进行区域盯人防守时应特别注意各区域间交界处的防守，如果防守不当就会给对方造成进攻机会。

（3）混合防守

混合防守是指人盯人与区域防守相结合的防守配合方法。这一战术形式的特点是可以根据对手的情况，灵活地将盯人防守和区域盯人防守的优点充分利用，以提高全队防守的效益。混合防守队员大多是体能素质高、个人作战能力强的队员以人盯人防守盯住对方的核心球员，其他队员采用区域盯人防守。

2. 集体防守战术的注意事项

（1）在参加集体防守时，每个队员都要明确自己的职责，而在人盯人防守时，则对个人的作战能力具有较高的要求。

（2）要求同伴之间相互协作，配合默契。当同伴盯人失误时，邻近队员根据场上情况，迅速补位，以确保比赛安全，不要让对方打出有威胁的进攻。

（3）每个防守队员必须有较强的体力素质，因为在全场范围内，防守队员始终要不停地奔跑和逼抢。

二、足球防守战术方法设计

足球运动员防守战术水平的发展和提高也是经过不断地训练来实现的，下面就主要涉及个人防守战术、局部防守战术和集体防守战术的方法。

（一）个人防守战术方法

1. 选位与盯人

（1）选择一个 30 米 ×10 米练习场地，一对一攻防目标人。两名目标人仅限于在 4 米长的一段底线上活动。进攻队员试图将球传给对面的目标人，防守队员封堵传球或运球突破线路。

（2）选择一个 30 米 ×10 米练习场地，一对一攻防多个目标运球过球门线。练习的重点是选择与调整盯防位置，确保合理性和及时性，逼迫对手处于不利的进攻局面。

（3）无球的选位与盯人练习。2 人一组，面对面站立，相距两米，一攻一守，进攻队员做摆脱跑动，防守队员做选位盯人练习。进攻队员可由慢到快做各种摆脱跑动，防守队员快速移动选位，不让进攻队员跑到身后。

2. 防守与保护

（1）选择一个 10 米 ×30 米练习场地，传球员传球给被盯防的进攻队员，规定防守队员的任务为迫使进攻队员横向活动并阻止其到达对面的端线，两名防守队员注意保护。练习重点是确保合理的保护距离、角度，相互呼应。

（2）选择一个 30 米 ×10 米练习场地，设一个球门，1 名守门员，执行越位规则，两名队员进攻射门。任何进攻队员一旦接到传球时，一名防守队员立即快速向场内跑动防守，另一名防守队员力争延缓对方的进攻，应通过呼应来提示同伴逼抢或对其进行保护。

（二）局部防守战术方法

局部防守战术可以采取如下几种练习方式进行训练。

1.2 对 2 练习

（1）2 对 2+1 攻防

4 名队员进行 2 对 2 攻防，攻方跑动摆脱后接“自由人”的传球，与同伴二过一或采用运球突破，创造射门机会。

（2）2 对 2+2 攻防

边线处的进攻接应队员只参与另一半场的进攻。守方在中线处设防，进攻方将球传给位于规定区线内的对方“自由人”得分，累计得分。

2.3 对 2 或 4 对 3 练习

基本形式主要包括各种练习空间内的 3 对 2 或 4 对 3 传抢、运球过线、攻防小球门的练习。练习重点是局部的基本攻防能力。

3.4 对 4 练习

选择一块 40 米 ×（20 ~ 25）米的练习场地，进行 4 对 4 攻防底线——盘带球比赛练习。练习内容包括变速与变向运控球；1 对 1 攻防局面；盯人与选位。

（三）集体防守战术方法

足球集体防守战术常用的训练方法有以下几种。

1.5 对 5 攻防训练

在长 30 米、宽 60 米的场地上，两边各设两个球门(共 4 个球门)，队员进行 5 对 5 攻防练习。要求任何一方队员控球后，靠近球的防守队员立刻紧逼，不允许有漏人现象发生。两队球员要尽量默契配合。

2.6 对 6 攻防训练

在长 50 米、宽 20 米的场地上，两端各设一个小球门，队员进行 6 对 6 攻防练习。练习中经常会形成围抢的局面，当进攻队员在边线或球门线运球移动时，要求守方队员协同一致对其进行围抢。

3.11 对 11 攻防训练

在半场内，设两个球门，队员进行 11 对 11 练习（包括守门员）。如果对方队员在己方后场得球，靠近球的队员立刻进行堵截，其他队员相应盯防各自的对象，将防区压缩在 30 ~ 40 米的区域内。一旦抢下球，即刻转入反攻，以提高反攻的成功率。

4.11 对 11 比赛

在足球场地上进行分队（11 对 11）比赛（包括守门员）。攻方队员在前场 30 米处一旦丢球，要立刻快速回撤本方半场密集防守，前场仅留一两名队员进行封堵。

第八章　学校足球运动课程教学游戏设计

随着时间的推移，足球运动凭借自身魅力已经得到越来越多人的认可和参与，在学校中同样具备深厚的学生基础，并且已经演变成学生校园生活的一个组成部分。本章以学校足球课程教学游戏设计为研究对象，分别阐析专项体能类游戏设计、专项技术类游戏设计以及对抗比赛类游戏设计，从而有效增加学校足球运动课程教学的趣味性和实效性，为足球运动在学校的普及和发展贡献力量。

第一节　专项体能类游戏设计

一、奇偶相追

（一）游戏目的

提高学生反应速度，提升学生在短时间内启动跑的能力。

（二）游戏方法与图示

如图 8-1 所示，分别是奇数列和偶数列的两列学生相对站立。当游戏开始以后，教师任意报出一个整数，学生需要马上分辨出该数字的奇偶性，和这个数字奇偶性对应的那列去抓另外一列的同伴，指导追上并抓到或对面同学跑过安全线为止。

（三）游戏场地器材

足球场地 1/4 块。

（四）游戏规则

第一，只有追上“抓住”才算有效；第二，失败的一方需将获胜的一方背回起点。

（五）注意事项

教师应控制游戏的时间，保证学生在游戏的过程中情绪高涨。

（六）游戏教学建议

在报数字时，能够运用简便可行的加减乘除运算，从而使游戏难度得以增加。

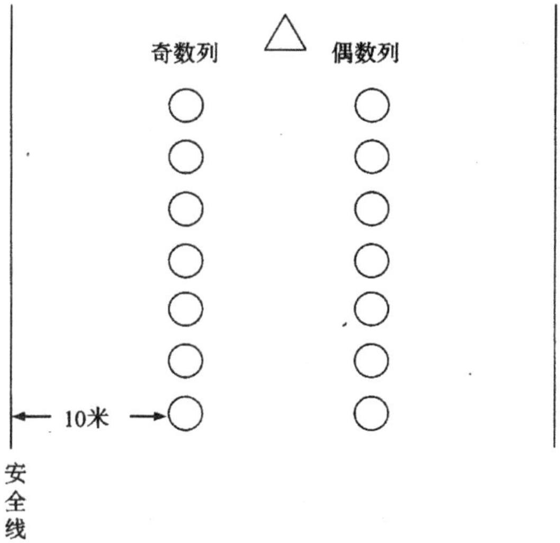

图 8-1

二、蚂蚁搬家

(一)游戏目的

锻炼学生腰腹力量,使学生形成团队精神。

(二)游戏方法与图示

如图 8-2 所示,每列学生按照先后次序平躺在草地上,头部都朝向相同的方向,在排头与排尾分别放置一个球筐,安排一名学生由球筐中拿球并递给排头的学生,排头学生用双脚夹住并传给下一名学生,下一名学生采用相同方式依次传球给后面的学生,直到排尾学生用双脚直接将球置于头前面的球筐中。先把排头球筐中的球全部运至排尾球筐中的队获胜。

(三)游戏场地器材

足球场地 1/4 块,足球 20 个,球筐 4 个。

(四)游戏规则

在运送球时,不可以让球掉地,否则掉在地上的球需要再次由排头运起。

(五)注意事项

教师要指导学生做到密切配合,通过配合来共同提高游戏速度。

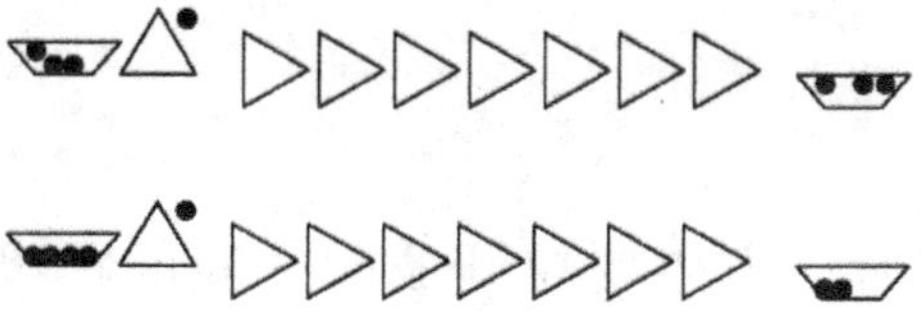

图 8-2

（六）游戏教学建议

可以结合具体情况来调整球筐内球的数量，游戏规则可以调整成观察哪列学生在规定时间中运送的球最多。

三、服从命令听指挥

（一）游戏目的

提高学生反应速度，提高学生的急停能力、后退能力以及侧向移动能力。

（二）游戏方法

一列学生根据教师的口令快速向前奔跑。在奔跑途中，时刻注意教师的手势，并根据教师不断改变的手势迅速做出急停下蹲、侧向快速移动、后退跑动等动作，直至从教师身边跑过。

（三）游戏场地器材

足球场地 1/4 块。

（四）游戏规则

第一，听到教师口令一定要快速奔跑，同时结合教师手势变化来快速做出合理的改变；第二，所有无法及时结合教师手势来快速做出合理变化学生，必须结合错误次数在完成游戏之后做一定数量的俯卧撑，以此作为惩罚方式。

（五）注意事项

参与游戏的所有学生要拉开彼此之间的距离，避免因碰撞而受伤。

（六）游戏教学建议

第一，每列学生人数应当控制在合理范围内，有效防止学生在练习时发生碰撞后受伤，同时保证所有学生都能在进行下一组练习前得到充分休息，第二，练习过程中可以增加前滚翻等技术动作，从而使游戏难度增加。

四、突破地雷区

（一）游戏目的

提高学生动作频率与平衡能力。

（二）游戏方法

摆设若干标志碗且平行成一条直线，每两个标志碗间距在10 ~ 20厘米之间。学生连续快速越过标志碗到达终点后返回并与下一名学生击掌，下一名学生开始进行游戏。最先完成的一队学生获胜。

（三）游戏场地器材

足球场地1/4块，标志碗若干。

（四）游戏规则

学生每次仅可越过一个标志碗，每次越过的标志碗数量不可以超过一个，同时不可以踩到标志碗。如果学生出现这两种情况中的任意一种，则必须返回起点重新开始比赛。

（五）注意事项

教师应当提示学生不踩到标志碗，避免学生扭伤踝关节。

（六）游戏教学建议

第一，标志碗的个数不宜设置过多，否则会引起学生的视觉及身体疲劳，从而容易导致受伤；第二，每列学生人数不宜过少，否则学生得不到一定的休息。

五、围剿敌人

（一）游戏目的

提高学生快速躲闪和判断的能力。

（二）游戏方法

一队学生围成一个圆圈，另一队学生进到圆圈内。围成圆圈的那队学生手持一个软式排球去砸圈中的学生，被砸中者退出游戏，直到圆圈内所有队员都被砸中才结束游戏，然后两队互换角色。哪队先将另一队全部砸中，则哪队为获胜方。

（三）游戏场地器材

足球场地 1/4 块，软式排球 1 个。

（四）游戏规则

第一，严禁用球击学生头部；第二，对于持球的一队，允许该队学生连续相互传球，从而迷惑对方。

（五）注意事项

在游戏中，严禁学生用球大力击打对方的头部、腹部以及下体。

（六）游戏教学建议

第一，教师应重视学生着装，严禁学生佩戴眼镜等较硬物品参与游戏，避免学生受伤；第二，学生围成的圆圈面积不可以太小。

六、抢球夺位

（一）游戏目的

使学生反应速度与奔跑速度得到提高。

（二）游戏方法

学生围成一个圆圈，每人面朝外，手托 1 个足球，有一名学生不持球做抢球人，绕着圆圈顺时针行走，趁大家不注意时直接抢走任意一名学生的球，然后按顺时针的方向迅速逃跑。被抢走球的学生迅速追赶。如果抢球人绕了一圈回到被抢球学生的位置前没有被抓到，则就站在该位置上，由被抢走球的学生来充当抢球人继续进行游戏；如果抢球人被抓到，则被抢走球的学生回到原位，由原抢球人继续进行游戏。

（三）游戏场地器材

足球场地 1/4 块，每人 1 个足球。

（四）游戏规则

被抢走球的学生在追击过程中应当按照顺时针方向。

（五）注意事项

教师应当采用多种方式来对学生注意力形成干扰，从而获得较为理想的练习效果。

（六）游戏教学建议

学生逃跑时不允许按照顺时针方向，但追击者一定要和逃跑者是同一方向。

七、开火车

（一）游戏目的

使学生形成团队意识，使学生腿部力量与单腿跳跃能力得到提高。

（二）游戏方法

学生分成若干队，各排成一列横队，每一名学生都将自己的一条腿伸给前面的学生（第一排的学生除外），前面的学生用手拉住后面学生伸过来的腿。大家一起单腿跳跃向前行进。率先通过终点的队获胜。

（三）游戏场地器材

足球场地 1/4 块。

（四）游戏规则

在前进过程中，如果队列发生断裂，则需要在原地恢复整理队列，此后才能继续前进。

（五）注意事项

在游戏过程中，为达到队伍的一致性，每队可以安排一名学生作为发令员，从而让整队保持一致。

（六）游戏教学建议

可将队列的运动方向改为向后跳跃。

八、拉网捕鱼

（一）游戏目的

使学生的协作能力、奔跑能力、急停能力、变向能力、躲闪能力等得到提升。

（二）游戏方法

画定一个正方形或长方形的区域为“大海”，学生分散在“大海”内当“鱼”，另选 2 名学生做“渔夫”。游戏开始后，两名“渔夫”手拉手组成一个“网”在“大海”里捕鱼。被“网”围住的学生就算被捉住，立刻与“渔夫们”手拉手组成更大的渔网继续捕鱼，直到所有学生都被抓住，游戏结束。

（三）游戏场地器材

足球场地 1/4 块。

（四）游戏规则

第一，学生不可以跑出画定的“大海”，不然当成被抓住；第二，“渔夫”在捕鱼过程中不可以断开“网”，断开时抓到的“鱼”无效，“鱼”不可以冲破渔网逃跑。

（五）注意事项

扮演渔网的学生需要在行动上保持一致。

（六）游戏教学建议

第一，最开始被选成“渔夫”的两名学生应当拥有充沛体力；第二，画定场地应当以实际人数为依据，但面积不可以太大。

第二节　专项技术类游戏设计

一、传接球游戏学练指导

（一）“逗猴”

（1）场地器材：足球场地半块，足球 1 个。

（2）游戏方法：一组安排六名学生，四名学生站成一个正方形，两名学生站在正方形里面。站在正方形顶点的四名学生不间断地传接球，站在正方形里面的两名学生运用恰当动作来阻截球。如果传球学生出现传接球失误，则需要根据先后顺序替换抢球的学生继续游戏（图 8–3）。

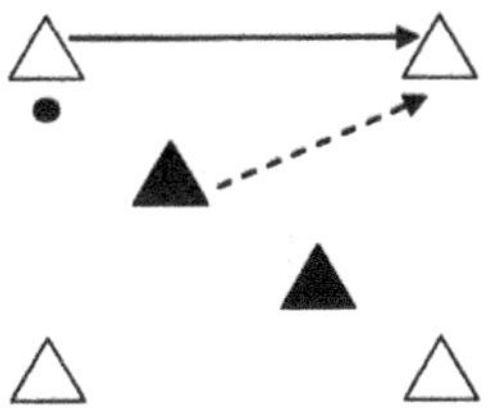

图 8–3

（3）游戏作用：提高学生传接球技术，强化学生相互接应的意识。

（4）游戏规则：第一，学生围成的正方形面积不能无限地扩大，传接球的学生可以车轮式地不断变换位置来接应同伴避免球被抢到，但不能采用扩大场地面积的方式防止球被抢走；第二，如果学生在相互传接球的过程，因为失误没有将球传到位或接好球，谁的失误，谁与抢球的学生互换位置。

（5）教学建议：第一，允许教师结合学生实际水平来变动传抢球学生的人数，从而增加游戏难度或减小游戏难度；第二，教师可以对传接球学生每人的触球次数进行限制，从而增加游戏难度；第三，为防止抢球学生被动游戏，教师可以设定传接球学生不间断地传球多少次之后，传接球学生产生首次失误，不需要和抢球学生互换位置。

（二）运输队

（1）场地器材：足球场地半块，足球若干个。

（2）游戏方法：画定一条传球线路，在距传球线 25 米处，平行画两个半径为 2.5 米的圆圈，两圈间距为 10 米。将学生分为人数相等的两队，每队选出一名学生站在各自的圆圈里，圈外的学生每人持一球。游戏开始，站在传球线后的学生依次把球放在传球线上，将球传给本队圆圈里的学生。站在圆圈里的同伴运用除手臂以外的任何部位接球，并将球放在圆圈里。全队的球全部放在了圆圈里，游戏结束。先完成游戏的队获得胜利（图 8-4）。

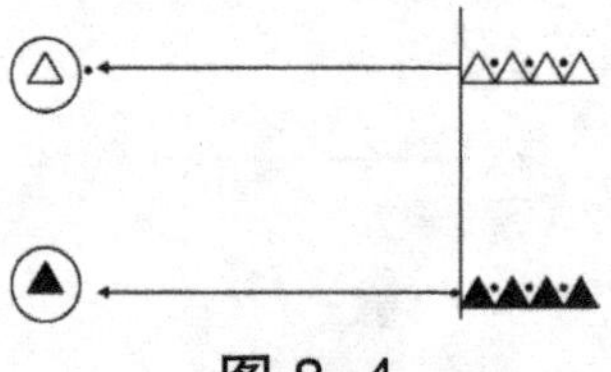

图 8-4

（3）游戏作用：使学生传接球技术得以提高。

（4）游戏规则：第一，圆圈里的学生，可以出圈接球，但必须接球后再将球运回圆圈里放好；第二，站在传球线的学生所传出的球必须是长传球，不能用地滚球传给接球的学生；第三，站在传球线的学生必须等接球的学生将前一个球放在圆圈里后，才可以继续给接球的学生传球；第四，两队学生不能运用任何方式干扰对方的传接球。

（5）教学建议：第一，允许教师结合学生的性别与能力等因素，来适度改变传球距离；第二，为使学生长传球技术得到提高，可以再设置一条限制线，学生传出球的首个落点一定要越过限制线。

（三）巧妙传球

（1）场地器材：小足球场地 1 个，标志旗若干，足球若干。

（2）游戏方法：在场地上画一个直径为 20 米的圆圈，圈内不规则地插数面旗子。将学生分为人数相等的 2 队，2 队交叉站立在圈外，一对一等距站立。准备，各队一半人脚下持球，且记准与自己对应的同伴。开始，全体按逆时针方向绕圈跑动，并伺机传球通过圆的直径，各队每 2 人顺利传球通过 1 次得 1 分。在规定的时间内，总分多的一队为胜(图 8-5)。

（3）游戏作用：促使学生传球更加准确，强化学生的责任感。

（4）游戏规则：第一，传球过程中一定要由旗子中部穿过，严禁碰倒旗子，碰倒旗子后需要由传球者竖起；第二，传球者不可以进到圈子内。

（5）教学建议：第一，应当结合游戏者实际水平来确定场内旗子数；第二，传球脚法应当结合学习内容依次提出具体要求。

图 8-5

（四）“火车穿山洞”

（1）场地器材：足球场地半块，足球2个。

（2）游戏方法：将学生分为人数相等的两队，每队第一名学生持球，与本队其他的学生相对站立，各队剩下的学生两腿开立，自动排成一列。游戏开始，每队第一名学生迅速将球从同伴的裆下传过，然后迅速站在队列的前面。队列最后一名学生接到从同伴裆下穿过的球后，迅速运球到排头，像第一名学生一样继续游戏，学生按此规则依次进行游戏，所有学生都完成一轮游戏后，游戏结束。率先完成游戏的队获胜（图8-6）。

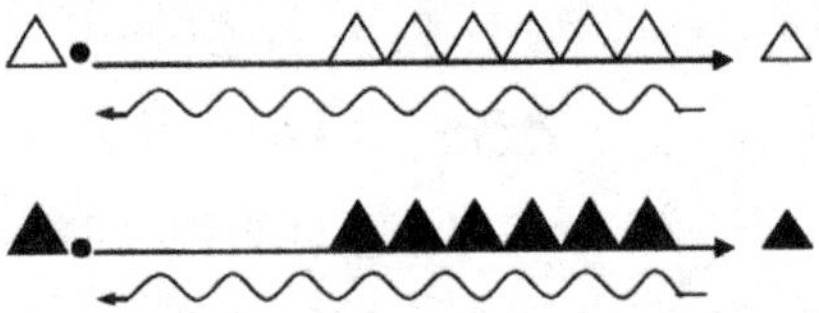

图8-6

（3）游戏作用：促使学生更加准确地传地滚球。

（4）游戏规则：第一，学生能够随意选择方法，进而把球踢出并穿过同伴裆下，同伴可以最大限度地增加两腿间距离，但严禁用手协助同伴使球由自己裆下穿过；当遇到球没能穿过全部同伴的裆下到达位于队尾等待接球的同伴那里时，需要重新传球断续游戏；第三，不管哪队最先完成游戏，最开始游戏的学生接到球后都需要用最快速度跑到队首，同时把球高高举起，最先举起足球的队获胜。

（5）教学建议：第一，这个游戏最好用脚内侧传球，从而使传球更加准确；第二，排成一列的学生应当尽可能贴近，同时尽量增加两腿间的距离，从而保证球能够以更快速度穿过裆下。

（五）投篮比赛

（1）场地器材：足球场地半块，足球20个，球筐2个。

（2）游戏方法：将学生分为人数相等的两队，各排成一列纵队站好。每队选出一名负责抛球的学生。在与本队间距 7 米的地方放置一个球筐，负责抛球的学生站在球筐后。游戏开始，抛球的学生迅速将球抛向本队的第一名学生，接球的学生迅速将球踢向球筐，然后迅速排到队尾，等待下一轮游戏。哪一队先将球直接踢进球筐的数量达到 10 个，就获得游戏的胜利（图 8–7）。

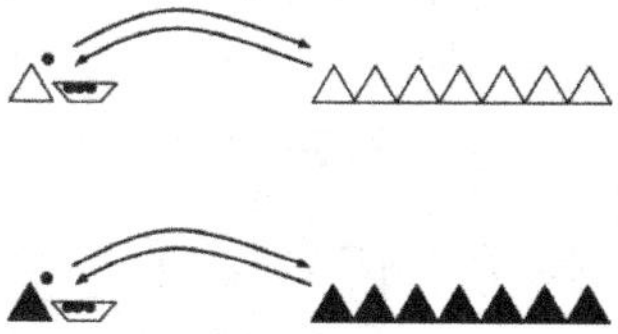

图 8–7

（3）游戏作用：促使学生更加准确地踢凌空球。

（4）游戏规则：第一，踢球的学生在接得抛球学生抛出的球后，可以调整也可以直接将球踢向球筐，但球不能落地；第二，踢球的学生可以选用除手臂外的任何部位踢球，但不能颠球靠近球筐，可以在原地调整球后将球踢向球筐；第三，踢球的学生触到球后，抛球的学生在球落地前不能以任何理由触球。

（5）教学建议：第一，教练可以结合学生实际水平来调整学生和球筐之间的距离；第二，教师应当以教学的具体要求为依据来调整游戏规则，可以要求学生一定要用特定部位把球踢进球筐。

（六）踢准

（1）场地器材：足球场地半块，足球 5 个。

（2）游戏方法：在足球场内画一条直线，在距直线 30 米处画一个点并插上一面红旗。以这个点为圆心，分别画以半径为 2.5 米、2 米、1.5 米、1 米的 4 个圆。让学生将球依次放在直线上，助跑后将球直接踢向插好的红旗。如果第一落点直接落在半径为 2.5 米圈里得 1 分，落在半径为 2 米的圈里得 2 分，落在半径为 1.5 米的圈里得 3 分，落在半径为 1 米的圈里得 4 分，直接砸到红旗上得 5 分。每人一次踢 5 个球，所有学生都踢完游戏结束，得分最多的学生获胜（图 8–8）。

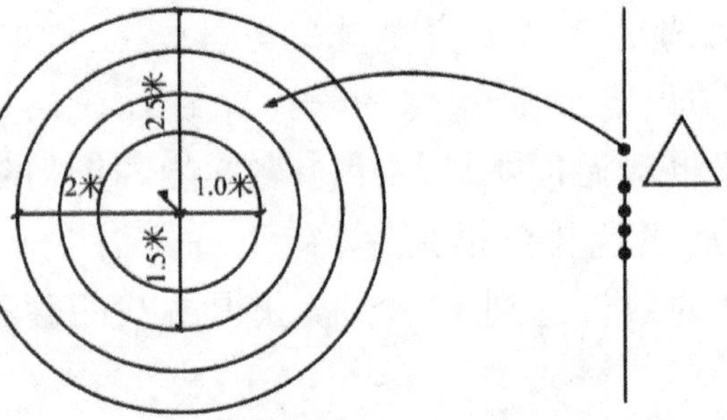

图 8-8

（3）游戏作用：提高学生传高空球落点的准确性。

（4）游戏规则：第一，教师可以用脚的任意部位来击球，但记分要求是必须是高空球且第一落点落在圈内；第二，所有学生都一定要在 3 分钟内完成游戏，否则没有踢完的球按照零分计算。

（5）教学建议：第一，教师应当把学生性别和踢高空球的能力等作为科学调整由直线到圆心的距离的依据，同时作为设置圆半径的依据；第二，这项游戏可以把直线变成一个限制区域，学生一定要在使球运动后且球出限制区前把球踢出，从而使游戏难度增加。

二、运球游戏学练指导

（一）运球追捕

（1）场地器材：标出一块 30 米 ×30 米的游戏区域，足球若干。

（2）游戏方法：学生分成人数相等的 2 队，每人一球，其中有一个队为追捕方，另一队为逃跑方。游戏开始，追捕方的学生运球并设法用手捕捉逃跑方的同学，逃跑方的学生则尽力躲避。被捕捉到的学生要离开场地，到场外练习颠球，直到本方所有同学都被捉到为止。然后互换角色再进行游戏（图 8-9）。

图 8-9

（3）游戏作用：使学生随意运球的水平提升，使学生随意运球的技巧多样化。

（4）游戏规则：比赛胜负的决定性因素是捕捉逃跑方全部学生的时间长短，时间短的一队是获胜队。

（5）教学建议：第一，起初运球时可以不对运球方法做限制，控制好运球就可以；第二，结合运球掌握情况能够对运球教法进行限制。

（二）“猴子运桃子”

（1）场地器材：一个边长为 6 米的等边三角形场地，足球若干。将球平均放在猴子家中。

（2）游戏方法：哨音响后“猴子”迅速跑向其他“猴子”家中，将其他“猴子”家中的“桃子”运回到自己的家中。在一定时间内家中“桃子”多者为胜。家中“桃子”少的“猴子”接受相应的惩罚（图 8-10）。

图 8-10

（3）游戏作用：使学生逐步形成快速、准确的运球水平。

（4）游戏规则：运回来的“桃子”一定要在家中放稳。

（5）教学建议：以练习人数为依据，可以选择四方形场地或五角形场地，可以适度调整球的数量。

（三）穿越“封锁线”

（1）场地器材：足球场半个，足球20个。

（2）游戏方法：在场地上画一个直径为15米的圆圈。所有学生持球，围圆圈运球，听到哨声以后，迅速运球穿过圆圈中心。穿过圆圈时注意避免碰撞（图8-11）。

图 8-11

（3）游戏作用：使学生的运球能力、控制球能力以及变换方向运球能力都得到提升。

（4）游戏规则：发生碰撞的队员需要接受惩罚，即做两个俯卧撑。

（5）教学建议：刚开始练习时，可以适度减慢通过圆圈的速度，当练习者熟练程度出现逐步提高的情况后，学生应当加快通过圆圈的速度。

（四）“猎人打老虎”

（1）场地器材：足球场半个，足球10个。

（2）游戏方法：在场地上画一个20米×20米的正方形游戏区，选出2～3人为“猎人”。准备，“猎人”持球，其他游戏者“老虎”分散于场地内。开始，“猎人”在场内运球，伺机用球踢中“老虎”，被击中的“老虎”退出游戏，并罚做俯卧撑 10 次（图 8–12）。

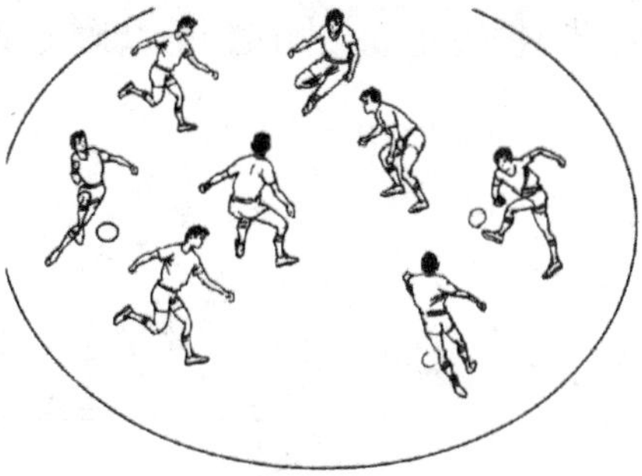

图 8–12

（3）游戏作用：促使学生运球控制能力得以提升，有效发展学生的奔跑能力与灵敏素质。

（4）游戏规则：第一，不管是哪位游戏者，都不可以跑出游戏区；第二，在追击过程中，只可以用球击对方腿部。

（5）教学建议：第一，“老虎”被击中之后可以转变成“猎人”，从而使“猎人”数量得以增加；第二，最后才被击中的“老虎”应当给予表扬与鼓励；第三，这项游戏的练习强度大，教师需要向学生提出明确要求。

（五）曲线运球接力比赛

（1）场地器材：足球场地半块，足球 2 ～ 5 个，标志旗 20 个。

（2）游戏方法：在场地上画两条相距 30 米的平行线，分别为起、折点。从起点线开始，每相距 6 米插一个标志旗，将学生分成人数相等的 2 ～ 3 个队，听到哨音后，各队的排头向前运球，绕过标志旗回到起点线将球交给第二名同学，依次进行。先完成的队为胜。标志旗可根据学生的水平逐步增加。要求运球人必须绕过每个标志旗（图 8–13）。

（3）游戏作用：使学生变换方向的运动技能得到强化，提升学生的集体配合能力。

（4）游戏规则：第一，接力同学一定要等到运球同学把球运到起点线上方可接球，严禁在起点线之前接球，少绕一个旗就是失败或记一次犯规，犯规次数少的同学为获胜方；第二，运球同学应当根据要求的脚法来运球，同时可以限定用脚内侧、脚背外侧等脚法运球。

图 8-13

（5）教学建议：第一，结合学生实际人数来调整游戏方法，针对人数多的情况，可以调整成迎面接力；第二，以学生掌握技术动作的实际水平为依据，对运球方法进行适度调整，从脚内侧逐步过渡到脚背外侧，从单脚运球逐步过渡到两脚交替运球；第三，结合学生实际水平来调整标志杆的距离。

（六）守卫足球

（1）场地器材：足球场半个，足球 20 个。

（2）游戏方法：将学生分为人数相等的 2 队，分散站立于 30 米 ×30 米的足球场地内。准备，每人各持一球。开始，在场地内随意运球。每个游戏者要尽力保护自己的球，并寻机将其他同学的球踢走，踢出一球得 1 分。在规定的时间内，被别人踢出场外最少的一队为胜（图 8-14）。

（3）游戏作用：有效锻炼学生保护球的水平，使学生灵敏素质得到有效发展。

（4）游戏规则：第一，游戏者有权把任何一人的球踢出，但不允许推拉人；第二，失球者应当马上出场退出游戏，依照逆时针方向绕场慢跑，一直到游戏结束才停止。

图 8-14

（5）教学建议：第一，在学生做游戏的过程中，教师必须提示学生高质量完成掩护球的动作；第二，及时提示某些消极运球学生，防止其原地不动。

三、踢球游戏学练指导

（一）“围猎打狼”

（1）场地器材：小足球场地 1 个，足球若干。

（2）游戏方法：在场地上画一个直径为 15 米的圆圈游戏区，根据学生人数情况分为 2 组。一组为“狩猎者”，另一组为“狼群”。准备，“狩猎者”持球，站在圆圈的外围。另一组“狼群”分散于圆圈场地内。开始，“狩猎者”在场外踢球，伺机用球踢中“狼”，被击中的“狼”退出游戏，并罚做俯卧撑 5 次（图 8-15）。

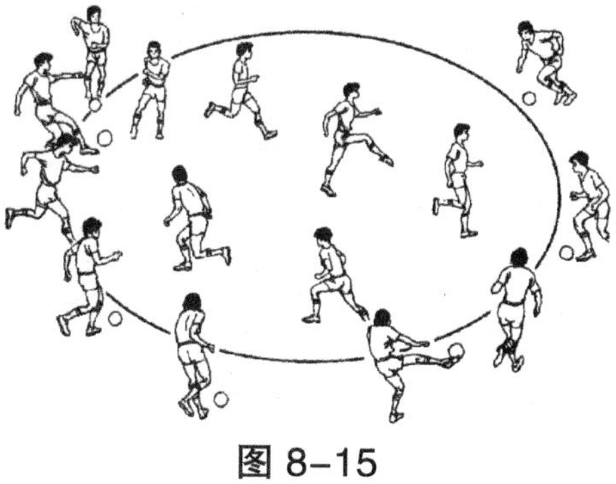

图 8-15

（3）游戏作用：促使学生踢球更加精准，使学生奔跑能力与灵敏素质得到有效发展。

（4）游戏规则：第一，被围猎的“狼群”都不允许跑出游戏区；第二，在踢球过程中，尽可以用球击对方腿部。

（5）教学建议：第一，刚开始练习时，可以将圆圈场地限定在较小范围，当技术水平逐步提升之后，逐步加大圆圈；第二，脚法能够从脚内侧过渡到脚外侧，之后逐渐过渡到脚背正面、脚背外侧。

（二）穿裆射门

（1）场地器材：小足球场地 1 个，3 人一个足球。

（2）游戏方法：学生 2 人面对面站成两列横队，间距 8 ~ 10 米，一人中间站立，面对的 2 人进行游戏，中间的一人两腿叉开，另外 2 人试图将球踢出，并穿裆而过。中间的队员不得挡球。若球未能穿过胯下，传球失误的队员替换中间的队员（图 8-16）。

（3）游戏作用：使学生脚下控球水平得到有效锻炼，促使学生踢球更加准确。

（4）游戏规则：两边踢球队员严禁把球踢高，防止对中间队员产生伤害。

（5）教学建议：刚开始练习时，中间队员需要主动配合并保证两腿之间的距离较大，当技术水平逐步提升之后，可以逐步缩短两腿间的距离。

图 8-16

（三）踢小足球门

（1）场地器材：小足球场地 1 个，标志旗 4 面，足球若干。

（2）游戏方法：在场地上画一个 30 米 ×15 米的长方形游戏区，再画一条中线。在中线两侧等距离处用旗子标出 2 个球门。将学生分为人数相等的甲、乙 2 队，相对站立在各自场地的端线上。在准备阶段，双方游戏者每人都手持一个球。游戏开始后，双方可以任意选射一个球门，在规定时间内，进球多的那队获胜（图 8–17）。

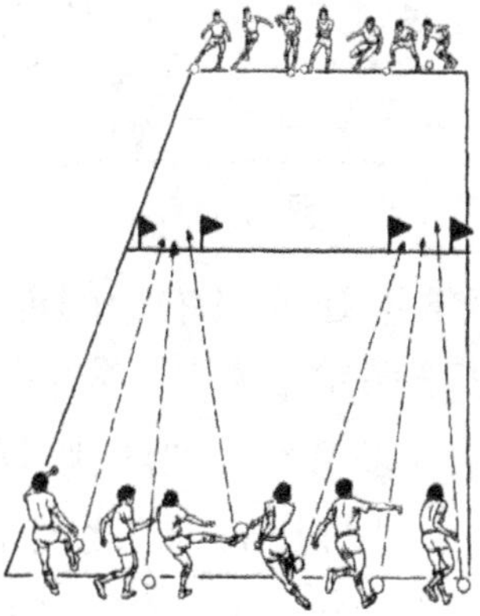

图 8–17

（3）游戏作用：使学生脚步控球水平得到有效锻炼。

（4）游戏规则：第一，只有甲队踢完之后，才能换乙队踢；第二，仅允许用脚背正面与脚内侧的踢球方法完成；第三，当一队在踢球时，另一队需要做到主动供球。

（5）教学建议：结合学生技术水平来确定足球门大小，最开始练习时允许足球门大一点，当学生技术水平不断提高之后，可以逐渐缩小足球门。

（四）“网式足球”比赛

（1）场地器材：小足球场地 1 个，足球 5 ~ 10 个，网球网 3 ~ 5 张。

（2）游戏方法：将学生分成5人一组的8个队，每4队在一个网球场地上。每块场地上先上2队，在各自的半场内按位置站立。一个队开球，用脚踢球的方法按照排球的规则进行比赛。游戏也可以在排球或羽毛球等其他场地进行，人数也可多可少（图8–18）。

图 8–18

（3）游戏作用：使学生处理空中球的能力得到有效锻炼。

（4）游戏规则：比赛采用一局10分制，判定获胜队的标准是最先得到10分且比对方多2分。当失败队被淘汰之后，场外另一个队上场，和胜队继续进行比赛，依此类推。

（5）教学建议：刚开始练习时，建议场地小点、人数多点，当技术水平逐步提升之后，应当逐步减少人数、加大场地，游戏难度也会随之加大。

（五）脚踢低球

（1）场地器材：小足球场地1个，标志旗2面，绳子1根，足球若干。

（2）游戏方法：在场地上画一个20米 ×15米的长方形游戏区，2根木桩立于边线两侧，绳子拉于木桩上。将学生分为2队，每队10人（人多时可在多个游戏区内活动），分散立于各自的半场内。准备，发球一方持球。开始，将球从绳下踢向对方场区，踢入对方后场1次得1分，在规定的时间内，得分多的队为胜（图8–19）。

（3）游戏作用：使学生脚下控制球的能力得到大幅度提升。

（4）游戏规则：第一，允许双方在绳下来回踢球，但严禁越过中线进入对方场区；第二，判定失误的标准是球由绳上越过或碰到绳，出现失误后由对方开球。

（5）教学建议：参照学生实际水平来确定绳子的高度。开始练习时，可以适度提高绳子，当学生技术水平逐步提升之后，教师可以逐步降低绳子的高度，此外可以设置踢球限制线。

图 8-19

四、射门游戏学练指导

（一）远射比赛

（1）场地器材：足球场地半块，足球 20 个。

（2）游戏方法：将学生分为人数相等的两队，每队分别选派一名学生充当本队的守门员，剩下的学生每人持一球站在中圈里。游戏开始后，任一队先开始游戏，依次运球至罚球区外大力射门，进球即得 1 分。两队都完成游戏后，哪一队得分高，哪一队获得游戏的胜利（图 8-20）。

（3）游戏作用：促使学生快速运球能力和跑动中大力射门的能力都得到大幅度提升。

（4）游戏规则：第一，学生一定要在 2 分钟内完成射门，计时时间自学生首次触球开始，规定时间内没有射门的学生判定为失败者；第二，在规定时间内，允许学生在罚球区任意运球，但不允许在罚球区射门，否则将判定为失败；第三，允许守门员站在罚球区任意位置防守，但不允许跑出罚球区防守。

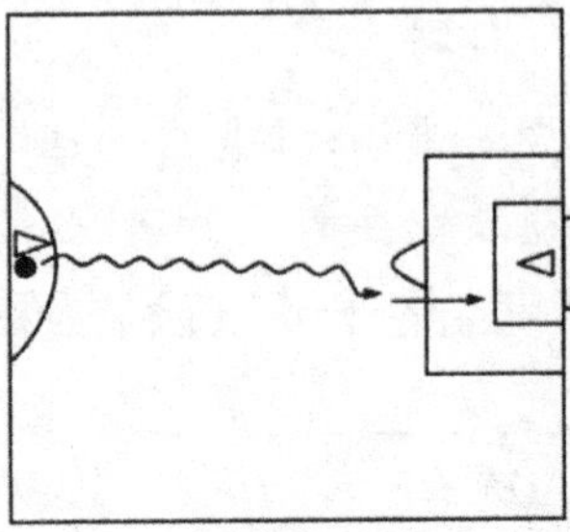

图 8-20

（5）教学建议：第一，在游戏尚未开始时，教师需要提示学生的是：在远射练习中，应当兼顾不同触球部位的踢球特征，尽可能使用脚背正面、脚背内侧、脚背外侧这三个部位完成技术动作；第二，教师需要有意识地强化学生在射门前观察守门员站位后选取射门角度的意识。

（二）吊门比赛

（1）场地器材：足球场地一块，足球 20 个。

（2）游戏方法：将学生分为人数相等的两队，学生需每人持一球站在中圈里。每队选派一名学生充当守门员。当游戏开始后，任意一队先开始游戏，每名学生依次将球从中圈运向球门区，在球门区外射门争取将球越过守门员射进球门里。射进球门的得 1 分，没有射进球门的不得分。所有学生完成射门后，游戏结束，得分总和高的队获胜（图 8-21）。

（3）游戏作用：使学生射门技术得到强化。

（4）游戏规则：第一，开始游戏时，学生运球至罚球区外的任意区域射门都可以，同时学生可以任意使用一种射门手段；第二，严禁守门员跑出罚球区防守，在对手尚未射门时，守门员应将防守位置选在球门区以外罚球区以内的任意位置，当对手把球射出之后，守门员应当将防守位置选在罚球区任意位置上；第三，射门学生射出的球一定要保证离开地面,允许射出的球离开地面后两次弹地再进入球门;第四,对于学生射出的球击中球门立柱弹回场内的情况,允许重新射门,但弹出场外则会判定成射门失败,不得分。

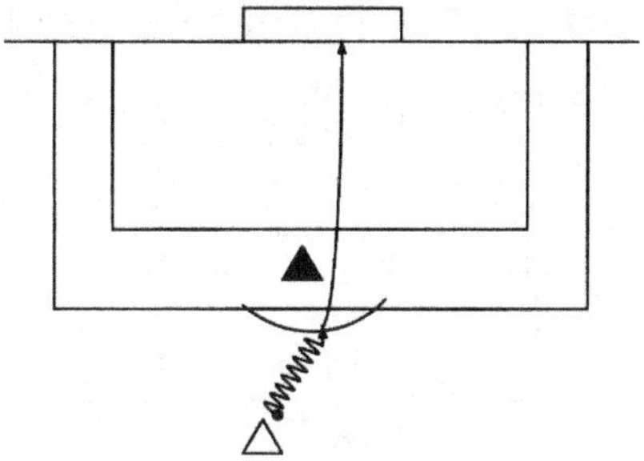

图 8-21

(5)教学建议:第一,在游戏尚未开始时,教师需要提示学生努力把球踢出抛物线,从而为球越过守门员进入球门提供便利;第二,在游戏尚未开始时,教师应当反复重申射门前先观察守门员位置,观察后再选取射门角度起脚射门。

(三)任意球射门比赛

(1)场地器材:足球场地一块,足球 20 个,竹竿 2 根。

(2)游戏方法:将学生分为人数相等的两队,每人持一球站在罚球区外。然后将球门进行一定的设置,从两球门立柱向内 1 米处,各绑一根与球门同高的竹竿。将竹竿到球门立柱的两侧区域划分为 2 分区,剩下的球门内区域为 1 分区。当游戏开始后,任意一队先开始游戏,每名学生将球放在罚球区以外的任意地点,依次将球射向球门。射进 2 分区得 2 分,射进 1 分区得 1 分,没有射进不得分。所有学生射门后,得分总和高的队获胜(图 8-22)。

(3)游戏作用:促使学生定位球射门的水平得到大幅度提升。

(4)游戏规则:第一,学生一定要把球置于罚球区之外射门,不对触球部位做出限制,不允许连续两次触球;第二,学生射出的球击中球门柱弹进球门获得3分,球弹回场内允许重新射门,弹出场外则判定为射门失败,不得分;第二,球门学生射出的球一定要离开地面,否则判定为射门失败不得分,针对射出的球离开地面后的情况,可以再次落地弹进球门。

（5）教学建议:为了让游戏难度增加,教师常常会增设守门员与人墙板,需要注意的是增设前应当兼顾学生技术能力与学校设施情况。

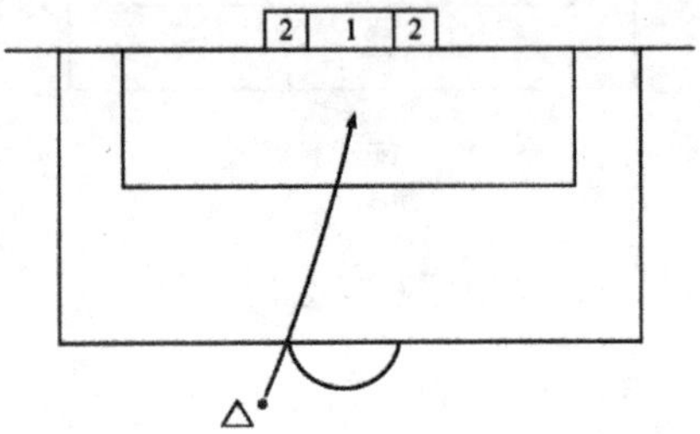

图 8-22

（四）点球大战

（1）场地器材:足球场地半块,足球2个。

（2）游戏方法:将学生分为人数相等的两队,每队选派一名学生为本队的守门员。游戏开始后,所有学生都站在罚球区外,由任一队开始罚球。按照足球比赛的规则,每一轮罚球各队各出一名学生,进球得1分,不进球不得分。所有学生全部完成罚球后,得分高的队获胜(图8-23)。

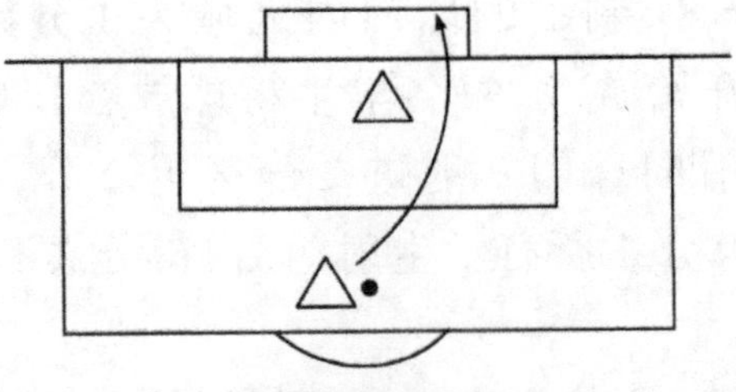

图 8-23

（3）游戏作用:使学生罚点球的水平获得大幅度提升。

（4）游戏规则:不仅要遵循罚球人数与顺序的相关要求,同时游戏过程中要严格遵循足球竞赛规则。

（5）教学建议：教师应当支持学生大喊大叫、营造出紧张氛围，从而让学生的心理承受能力得到有效锻炼。

（五）运球过杆射门接力

（1）场地器材：足球场地一块，足球 10 个，标枪 10 根。

（2）游戏方法：从罚球区外延向球场内方向每 2 米设置一根标枪，共 10 根。在最后一根标枪后 2 米处画定一条起点线。将学生分为人数相等的两队，站立在起点线后。每一名学生各持一个足球。游戏开始，任意一队先开始游戏。第一名学生迅速运球连续绕过标枪后，将球射进球门。下一名学生再迅速运球绕过标枪后将球射进球门，依此类推，直到全部的学生均做完一轮，才能结束游戏。游戏获胜标准是：哪队用时少，则哪队获胜（图 8–24）。

图 8–24

（3）游戏作用：使学生运球连续变向能力以及射门能力得到大幅度提高。

（4）游戏规则：第一，学生一定要连续绕过所有标枪，不可以出现漏过情况，否则由漏过标枪的位置重新开始；第二，学生完成任务的标准是把球直接射进球门，否则运球回起点排在队尾等待再次开始游戏，一直到全队都把球射进球门后才能视为全队完成比赛，同时停止计时；第三，教师开始计时的时间是第一名学生触球，教师停止计时的时间是全队所有学生都完成比赛。

（5）教学建议：教师分组应当合理搭配两队学生人员实力，保证两队整体实力处于均衡状态。

（六）侧身凌空球射门比赛

（1）场地器材：足球场地一块，足球2个。

（2）游戏方法：将学生分为人数相等的两队，每队各选派一名学生充当本队的传球人。传球人站在球门区与球门线的交点处，其他学生站在球门区以外。游戏开始后，任意一队先开始游戏。传球人将球传向罚球区内任意一点，射门的学生迅速跑到球的落点处，侧身凌空将球射进球门。射门成功得1分，不成功不得分。两队都完成游戏后，得分多的队获胜（图8-25）。

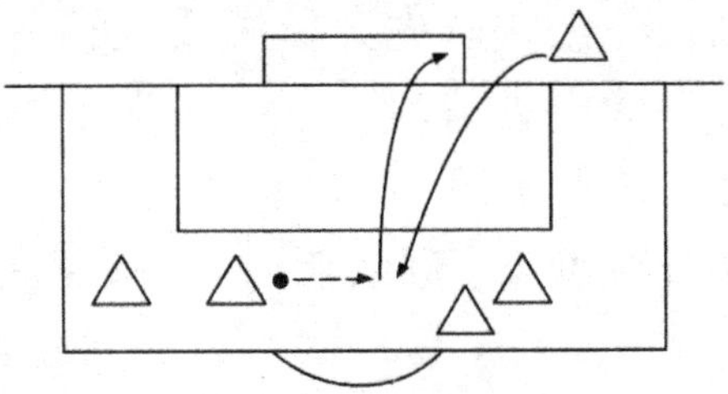

图 8-25

（3）游戏作用：促使学生高质量完成侧身凌空球射门的技术动作。

（4）游戏规则：第一，承担传球任务的学生可以用手抛出球；第二，在传球人把球传出的情况下，射门学生才可以朝球跑动，一定要在球没有落地之前完成射门，不然是无效的；第三，在射门前，允许学生用除手臂以外的身体部位对来球进行调整，但包括射门在内的触球次数应当不超过3次；第四，针对射门学生射出的球击中球门柱弹回场地内的情况，该学生可以重新练习一次。

（5）教学建议：第一，在游戏尚未开始时，教师应当提示学生尽可能用简洁动作完成射门，完成高难度动作时需要做好落地的自我保护；第二，教师应结合学生技术能力来决定是否设置守门员，同时把射门区域置于罚球区外面，从而达到增加游戏难度的目标。

第三节 对抗比赛类游戏设计

一、一对一比赛

（一）游戏目的

使学生一对一对抗能力得到有效锻炼。

（二）游戏方法与图示

如图 8-26 所示，设置 30 米 ×25 米的场地一块。将学生分成人数相等的两组，分别站在两条底线后。每轮游戏由各组选派一名学生参加，每次参加的学生不能重复。游戏开始时，两学生分别站在相对应的底线上。当教师发出游戏开始的口令并将球沿中线向中点踢出后，两学生迅速向中点奔跑，争取率先获得对球的控制权。两方谁先拿到球，就先成为进攻方，另一方则为防守方。进攻方利用各种运球过人、摆脱等技术动作摆脱对手，将球射向对方的球门。如果防守方在对手进球前抢截到球就立刻变为进攻方，另一方则变为防守方，直至有一方将球射进对方球门为止，本轮游戏结束，换下一轮学生进行游戏。所有学生都完成游戏后，进球多的一组获胜。

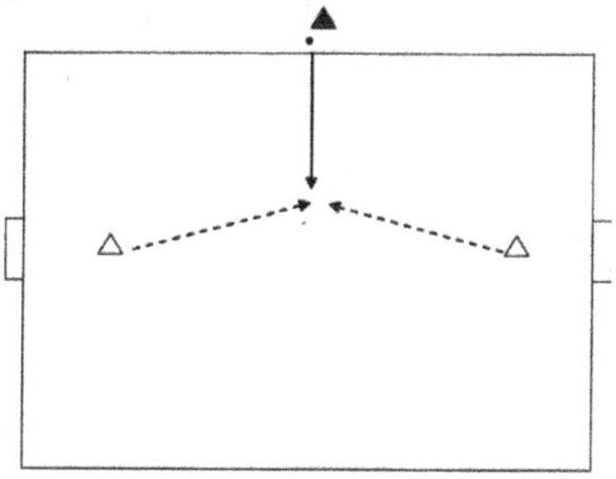

图 8-26

（三）游戏场地器材

足球场地 1/4 块，足球 1 个，小球门 2 个。

（四）游戏规则

第一，双方在相互进行对抗时，只能利用足球规则规定的合理动作进行游戏；第二，如有一方在游戏中犯规，犯规者退到本方的球门里，发球者在原地持球，待教师发出游戏重新开始的口令后，犯规者迅速跑向对方，恢复游戏；第三，如果球出界，哪方踢出界和犯规者一样退回本方的球门里，待教师发出游戏重新开始的口令后迅速跑向对方，恢复游戏；第四，防守方不能用手阻挡对方射向球门的球；第五，如果防守方在禁区内犯规，应按规则判罚点球。

（五）注意事项

由于一对一比赛的主要目标是射门得分，而并非过人，所以一定要牢牢把握射门的时机。学生一定要注意自身的防守动作，当出现可能伤害学生的犯规动作时，教师应当及时叫停比赛。

（六）游戏教学建议

第一，在游戏尚未开始时，教师应当提示学生游戏过程中强化自我保护意识和保护对手的意识；第二，教师应要求学生具备很强的意志品质。

二、二对二小比赛

（一）游戏目的

促使学生二对二对抗能力和运用二过一战术的能力得到大

幅度提升。

（二）游戏方法与图示

如图 8–27 所示，设置 30 米 ×25 米的场地一块。将学生分成人数相等的两组，分别站在两条底线后。每轮游戏由各组选派两名学生参加，每次参加的学生不能重复。游戏开始时，4 名学生分别站在相对应的底线上。当教师发出游戏开始的口令并将球沿中线向中点踢出后，4 名学生迅速向中点奔跑，争取率先获得对球的控制权。两方谁先拿到球，就先成为进攻方，另一方则为防守方。进攻方利用各种运球过人、摆脱等技术动作及二过一等进攻战术来摆脱对手，将球射向对方的球门。倘若防守方在对手进球前成功抢截球则马上会变成进攻方，则另一方会变成防守方，直到有一方把球射进对方球门才视为本轮游戏结束，随后换下一轮学生参与游戏。当全体学生均完成游戏之后，进球多的一组为获胜方。

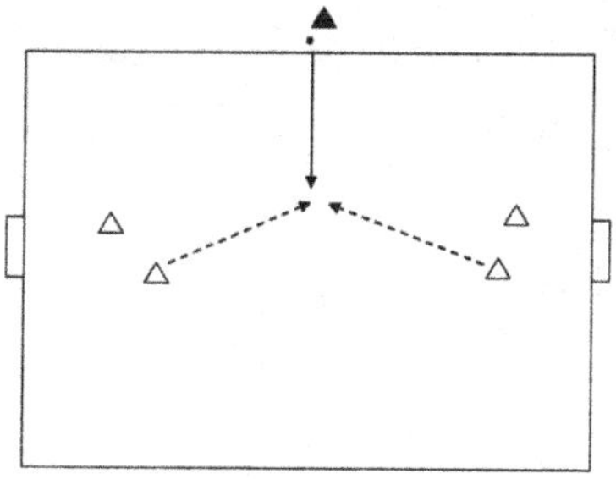

图 8–27

（三）游戏场地器材

足球场地 1/4 块，足球 1 个，小球门 2 个。

（四）游戏规则

第一，双方在相互进行对抗时，只能利用足球规则规定的合理动作进行游戏；第二，如有一方在游戏中犯规，犯规者退到本方的球门里，发球者在原地持球，待教师发出游戏重新开始的口令后，犯规者迅速跑向对方，恢复游戏；第三，如果球出界，哪方踢出界和犯规者一样退回本方的球门里，待教师发出游戏重新开始的口令后迅速跑向对方，恢复游戏；第四，严禁防守方借助手阻挡对方射向球门的球；第五，倘若防守方在禁区犯规，则应当根据规则判罚点球。

（五）注意事项

第一，在游戏过程中，学生之间应当密切配合，无球学生应当积极跑动接应；第二，教师需要提示学生适度加快攻防转换速度。

（六）游戏教学建议

第一，教师在游戏尚未开始时，应指导参与游戏的两名学生相互配合防守与进攻；第二，教师在游戏尚未开始时，应当指导学生强化自我保护意识与保护对手的意识；第三，教师应要求学生不断加强自身意志品质。

三、四个球门的比赛

（一）游戏目的

通过指导学生参与四个球门的比赛，使其中长传转移的技术与意识得到有效提升。

（二）游戏方法与图示

如图 8-28 所示，画定 30 米 ×50 米的长方形小足球场一个，在两个底线分别对称设置两个小球门。将每 6 名学生分为一组，每两组一起进行游戏。游戏开始后，任意一队先发球，在规定时间内射进对方球门次数最多的一队获胜。

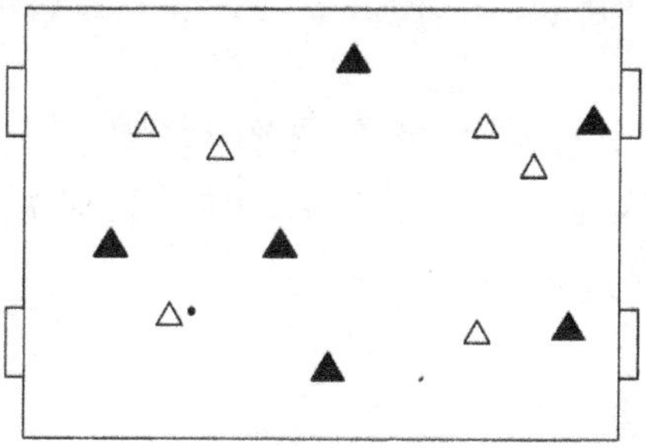

图 8-28

（三）游戏场地器材

足球场地一块，足球 1 个，小球门 4 个。

（四）游戏规则

第一，按照正式足球比赛规则进行（除了一些特殊要求外）；第二，比赛中没有守门员，任何学生不能用手触球；第三，两队各负责防守同一侧的两个球门；第四，比赛过程中不存在越位，球出边界后应当用脚发球，进而恢复游戏；第五，在比赛过程中，射进对方任意球门都能够获得 1 分；第六，每场比赛时间为 15 分钟，游戏结束后由获胜的一方选择是否继续留在场上进行比赛，然后由下一队与留在场上的队重新开始游戏；第七，倘若 15 分钟以内两队未能决出胜负，则两队应当同时下场，由另外两队重新开始游戏。

（五）注意事项

第一，教师需要重点提示学生游戏过程中在场地内拉开宽度，从而为长传转移提供便利；第二，教师应要求学生牢牢抓住每次射门得分的机会；第三，学生要高质量完成自身的防守动作，当出现可能伤害其他学生的犯规动作时，教师应当及时中止比赛。

(六)游戏教学建议

第一,教师在增加或改变参与游戏的学生人数时,应当以学生具体能力作为依据;第二,在游戏中,教师需要指导学生有意识地主动快速转移进攻方向。

四、三队足球赛

(一)游戏目的

促使学生快速进攻能力和以少打多能力都得到提升。

(二)游戏方法与图示

如图 8-29 所示,设置一个 50 米 ×50 米的足球场地,并沿足球场的四条边线,分别设立小足球球门 3 个。每轮比赛有 3 个队参加,每队 3 人,有两队分别着红色分队服和绿色分队服。游戏开始后,控球方负责防守本方球门,并可向其他任意一个球门发起进攻。而无球方,立刻变成一队,负责两队相应的两个球门的防守。比赛中,各队的攻守角色不断地随着控球方的改变而改变。任意一方在进攻中射进一球得 1 分。每轮游戏 10 分钟,游戏结束后,得分最多的一队获胜。

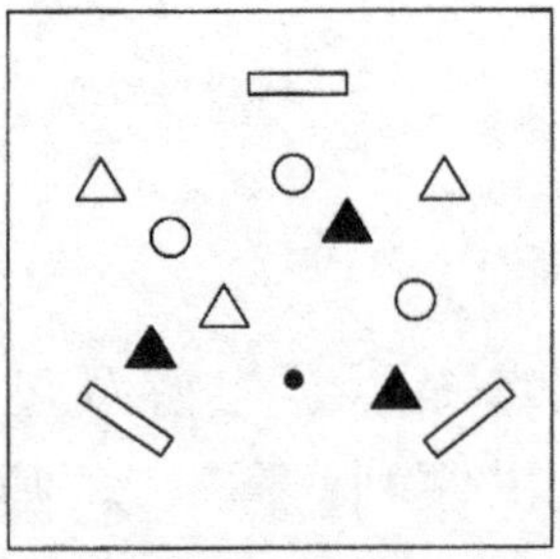

图 8-29

（三）游戏场地器材

足球场地一块，小足球门3个，红色分队服3件，绿色分队服3件，足球1个。

（四）游戏规则

第一，比赛规则应当遵循当前的五人制足球比赛规则；第二，比赛中不存在越位，球出界仅可以借助脚发球，重新进行比赛；第三，每队的防守角色与进攻角色需要结合控球方的具体变化而尽快做出改变；第四，当游戏结束以后，积分最少的一队需要接受跑400米的惩罚。

（五）注意事项

进攻方学生应当有意识地强化和无球学生的跑动与接应。

（六）游戏教学建议

第一，三队足球赛不适宜男女同队练习；第二，在游戏中，教师应当自觉承担裁判的工作，对恶意犯规和可能伤害学生的动作进行及时制止，有效防止学生在游戏练习中受伤。

参考文献

[1] 吴磊 . 足球运动技战术训练的科学性研究 [M]. 北京：新华出版社，2015.

[2] 杜宏，詹阳，田立山 . 高校足球运动理论与实践探究 [M]. 北京：中国时代经济出版社，2014.

[3] 钟俊，李文忠，杨焕粟 . 现代足球运动理论及教学指导 [M]. 北京：九州出版社，2014.

[4] 周天跃，翟巍，王寒西 . 现代足球运动发展研究与训练指导 [M]. 北京：中国时代经济出版社，2014.

[5] 王炜华，刘兵，国辉 . 校园足球运动 [M]. 长春：吉林大学出版社，2013.

[6] 李杰 . 足球运动文化与技能研究 [M]. 北京：中国书籍出版社，2013.

[7] 王鲁平 . 现代足球发展理念与系统训练 [M]. 北京：中国书籍出版社 ,2017.

[8] 文智 . 足球教学训练实践 [M]. 北京：光明日报出版社 ,2016.

[9] 孙光旭，时立新 . 校园足球教学内容等级水平体系构建与弹性管理研究 [J]. 长江大学学报（自然科学版），2016（04）.

[10] 陈亚中，刘晓宇，高原 . 足球：运动训练专业主修 [M]. 北京：北京体育大学出版社，2016.

[11] 纪桂武 . 校园足球教与学 [M]. 北京：北京体育大学出版社，2016.

[12] 韩桥，张鹏，黄毅 . 篮球、足球、排球 [M]. 西安：西安电子

科技大学出版社,2016.

[13] 符世晓 . 三段式足球教学模式的探索与构建 [D]. 河南大学,2008.

[14] 鲁鹏 . 浅析如何改善高校足球教学方法 [J]. 体育世界(学术版),2007 (02).

[15] 刘彬,王倩,陈斯 . 过程性评价在高校足球教学中的应用研究 [J]. 当代体育科技,2014 (12).

[16] 高松山 . 篮球排球足球游戏 [M]. 北京：教育科学出版社,2008.

[17] 王崇喜 . 足球教学设计 [M]. 北京：高等教育出版社,2009.

[18] 黄竹航,王方 . 足球训练设计 [M]. 北京：高等教育出版社,2010.

[19] 王蒙,倪伟 . 足球技术 [M]. 北京：中国时代经济出版社,2014.

[20] 王哲 . 校园足球入门与技战术图解 [M]. 北京：北京体育大学出版社,2014.

[21] 郭晓伟 . 现代足球训练理念与实践 [M]. 北京：中国书籍出版社,2014.

[22] 李世明 . 运动技术诊断概论 [M]. 北京：科学出版社,2014.

[23] 孟东明,莫祥德,符运猛 . 高校足球教学实践研究与理论指导 [M]. 北京：中国书籍出版社,2014.

[24] 李亮 . 高校足球实用技术教学与训练研究 [M]. 北京：中国书籍出版社,2014.

[25] 高珀琛 . 新时期足球运动发展与教学研究 [M]. 北京：中国书籍出版社,2014.

[26] 徐叶彤 . 高校足球运动教学与训练 [M]. 长春：吉林大学出版社,2012.

[27] 汤信明 . 足球运动教学与训练 [M]. 武汉：华中科技大学

出版社，2012.

[28] 姜全林 . 中小学校园足球一本通 [M]. 宁波：宁波出版社，2016.

[29] 梁伟 . 校园足球可持续发展评价研究 [M]. 济南：山东人民出版社，2016.

[30] 王民享，吴金贵 . 校园足球游戏 100 例 [M]. 北京：北京体育大学出版社，2016.